첫판 1쇄 펴낸날 2025년 9월 1일

지은이 조정은　**그린이** 신동민
펴낸이 박창희
편집 박은아　**디자인** 배한재 김혜은
마케팅 박진호 한혜원　**회계** 양여진 김주연
인쇄·제본 (주)소문사

펴낸곳 (주)라임
출판등록 2013년 8월 8일 제2013-000091호
주소 경기도 파주시 심학산로 10, 우편번호 10881
전화 031) 955-9020(주문). 031) 955-9021(편집)
팩스 031) 955-9022
이메일 lime@limebook.co.kr　**인스타그램** @lime_pub
홈페이지 www.prunsoop.co.kr　**제조국** 대한민국

ⓒ 조정은·신동민, 2025
ISBN 979-11-94028-58-1　74910
　　　979-11-94028-44-4 (세트)

＊ 잘못된 책은 구입하신 서점에서 바꿔 드립니다.
＊ KC 마크는 이 제품이 공통안전기준에 적합하였음을 의미합니다.
＊ 던지거나 떨어뜨려 다치지 않도록 주의하세요.
＊ 이 책 내용의 전부 또는 일부를 재사용하려면 저작권자와 (주)라임의 동의를 받아야 합니다.
＊ 미처 연락이 닿지 않아 사진 게재 허락을 받지 못한 분이 계십니다.
　 이 책에 사용된 사진의 저작권을 갖고 계신 분은 출판사로 연락해 주십시오.

역사 쌤과 함께하는
한국사 도장 깨기 ③

조정은 글 경주 신동민 그림

라임

차례

첫 번째 도장 국립 경주 박물관 • 6

두두둥, 천 년의 역사를 지닌 '신라' 탄생! | 신라의 역사를 한눈에 쫙~! | 영원함과 고귀함의 상징, 황금의 나라 | 여러 갈래로 흩어진 마음을 하나로 모으다 | 아버지의 업적을 기리는 성덕 대왕 신종

▶학교에서는 언제 배워? ▶그건 왜 그래? ▶활동하기 ▶도장 깨기 TIP, TIP, TIP ▶함께 보아요

두 번째 도장 남산 국립 공원 • 28

박씨 왕족의 무덤, 삼릉으로 출발! | 남산에 고이 새겨진 부처님의 마음 | 박혁거세가 태어난 우물, 나정 | 천 년 왕국 신라가 기울어 가다 | 흐르는 물에 술잔을 띄우다, 포석정

▶학교에서는 언제 배워? ▶그건 왜 그래? ▶활동하기 ▶도장 깨기 TIP, TIP, TIP ▶함께 보아요

세 번째 도장 대릉원 일대 • 46

헉, 경주 시내 곳곳에 무덤이? | 우리 손으로 처음 발굴하다, 천마총 | 어마어마하게 큰 고분, 황남대총 | 어린아이의 무덤, 금령총 | 금관총이 이사지왕의 무덤이라고?

▶학교에서는 언제 배워? ▶그건 왜 그래? ▶활동하기 ▶도장 깨기 TIP, TIP, TIP ▶함께 보아요

네 번째 도장 황룡사지, 그리고 동궁과 월지 • 62

불교를 통해 나라를 강하게 만들다 | 신라 최대의 사찰, 황룡사 | 아소카 왕의 선물? 장륙상의 전설 | 신라의 화려한 왕실 생활, 동궁과 월지 | 궁궐에서 주사위 놀이를?

▶학교에서는 언제 배워? ▶그건 왜 그래? ▶활동하기 ▶도장 깨기 TIP, TIP, TIP ▶함께 보아요

다섯 번째 도장 첨성대, 계림과 월성 • 82

신라의 첫 번째 여왕, 선덕 여왕 | 아시아에서 가장 오래된 관측대, 첨성대 | 신라의 중심 궁궐, 월성 | 조선 시대에 만들어진 냉장고, 석빙고 | 김씨의 시조 김알지 탄생지, 계림

▶학교에서는 언제 배워? ▶그건 왜 그래? ▶활동하기 ▶도장 깨기 TIP, TIP, TIP ▶함께 보아요

여섯 번째 도장 문무 대왕릉과 감은사지 • 102

삼국 통일의 기틀을 마련하다 | 문무왕의 무덤이 바다에 있다고? | 신문왕, 나라의 기틀을 세우다 | 부처님의 힘으로 나라를 지키다, 감은사 | 문무 대왕릉이 내다보이는 곳, 이견대

▶학교에서는 언제 배워? ▶그건 왜 그래? ▶활동하기 ▶도장 깨기 TIP, TIP, TIP ▶함께 보아요

일곱 번째 도장 불국사 • 120

부처님의 나라, 신라 | 신라의 대표적인 국가유산, 불국사 | 석가탑과 다보탑은 꼭 봐야지! 즐거운 일만 바란다면, 극락전 | 가장 지혜로운 부처님이 계신 곳, 비로전 | 세계에서 가장 오래된 목판 인쇄물

▶학교에서는 언제 배워? ▶그건 왜 그래? ▶활동하기 ▶도장 깨기 TIP, TIP, TIP ▶함께 보아요

여덟 번째 도장 석굴암 • 140

왕권 강화를 위해 불교를? | 사람 손으로 일일이 깎고 다듬다, 석굴암 | 돌 하나하나에 스며 있는 과학적 계산 | 석굴암에도 아픈 역사가 있어

▶학교에서는 언제 배워? ▶그건 왜 그래? ▶활동하기 ▶도장 깨기 TIP, TIP, TIP ▶함께 보아요

아홉 번째 도장 양동 마을 • 156

유교를 기반으로 한 양반 마을 | 오랜 전통을 간직한 집성촌, 양동 마을 | '참을 인'을 백 번 쓰다, 서백당 | 조상의 이름에 먹칠하지 말자, 무첨당 | 어머님을 생각하는 마음, 향단 | 정자에 앉아 농사짓는 모습을 보다, 관가정

▶학교에서는 언제 배워? ▶그건 왜 그래? ▶활동하기 ▶도장 깨기 TIP, TIP, TIP ▶함께 보아요

열 번째 도장 옥산 서원과 독락당 • 174

조선의 성리학을 발전시키다, 이언적 | 조선의 학자들을 키운 사립 대학, 옥산 서원 | 마음을 깨끗이 씻는 곳, 세심대 | 세상의 근심을 놓고 홀로 즐기다, 독락당

▶학교에서는 언제 배워? ▶그건 왜 그래? ▶활동하기 ▶도장 깨기 TIP, TIP, TIP ▶함께 보아요

우리 역사에서 최초의 국가는 어디게? 딩동댕! 고조선이야. 고조선이 세워지고 나서, 한반도와 만주 지역에 크고 작은 나라들이 세워졌어. 그 가운데 고구려, 백제, 신라가 세력을 키우며 서로 경쟁했는데, 이때를 삼국 시대라고 해. 이 중에 경주를 도읍으로 삼아 발전해 나간 나라가 있어. 바로, 바로 신라야! 자, 그럼 경주에 담겨 있는 신라의 역사를 찾아 떠나가 볼까?

첫 번째 도장

국립 경주 박물관

아주 먼 옛날, 지금의 경상북도 경주시 일대에 여섯 마을이 있었어. 그런데 어느 날, 놀랍게도 알에서 아기가 태어난 거 있지? 그 아기가 누구냐고? 그래, 맞아. 박혁거세야. 박혁거세는 훗날 나라를 세우고 첫 번째 왕이 돼. 그러니까 경주는 신라의 시작점이라 할 수 있지.

참, 그거 알아? 신라는 수도(도읍)를 한 번도 옮긴 적이 없다는 거. 그만큼 경주에는 신라의 모든 역사가 담겨 있는 셈이야.

박혁거세가 왕이 된 후에도 나라의 이름은 한동안 '서라벌', '사라', '사로' 등 여러 가지로 불렸나 봐. 그럼 우리가 알고 있는 '신라'라는 이름은 언제 어떻게 정해졌을까?

두두둥, 천 년의 역사를 지닌 '신라' 탄생!

박혁거세 이후 세월이 한참 동안 흐르고 흘러 스물두 번째 왕인 지증왕 때 신하들이 나라 이름을 '신라'로 이름을 바꾸자고 건의했지. 신라는 한자로 '새 신(新)'에 '그물 라(羅)'를 써. 왕의 업적이 매일매일 새로워지고 사방을 널리널리 아우른다는 뜻이야.

참, 신라의 수도가 경주라는 건 아까 말했지? 경주는 너른 평야와 강이 있어서 옛날부터 사람들이 많이 모여 살았어. 농사를 짓기에 아주 좋은 조건을 가지고 있었거든. 게다가 주변이 산으로 둘러싸여 있어서 적을 막아 내기에도 안성맞춤이었고.

알에서 태어난 박혁거세

옛날 사로국에는 여섯 마을이 있었어. 각 마을의 촌장들이 한자리에 모여 중대한 논의를 나누곤 했지.

"서로 하고 싶은 대로 하니 이거 영~ 질서가 없군."

"그럼 우리를 다스릴 사람을 뽑아서 임금으로 모시자."

"덕이 많은 사람을 뽑는 건 어떤가?"

그런데 어느 날, '소벌공'이라는 촌장이 숲을 거닐다, 우물 옆에서 말 한 마리가 울고 있는 걸 보게 돼.

우물 가까이로 다가가 보니, 거기에 엄청 커다란 알 하나가 떡하니 있지 뭐야?

"아니, 이게 뭐지?"

소벌공은 알을 가져와 살살 쪼개 보았어. 헉, 그 안에 어린아이가 들어 있는 거 있지?

소벌공은 알이 커다란 게 마치 박과 같아서 성을 '박'으로 한 뒤, 이름을 '혁거세'로 지었대. 그 후 박혁거세는 소벌공 손에서 무럭무럭 자랐지.

박혁거세가 열세 살이 되자 촌장들은 그를 임금으로 세우고 '거서간'이라 불렀어. 음, 거서간은 신령한 사람이란 뜻이야.

"초대 신라 왕이구나~."

"박씨의 시초이기도 하네!"

국립 경주 박물관의 야경

● 거서간, 차차웅, 이사금, 마립간…, 이게 뭔지 알아?

'왕'이라는 명칭도 이 무렵에 처음 사용했다고 해. 그럼 그 전에는 왕을 뭐라고 불렀을까? 거서간, 차차웅, 이사금, 마립간……. 와, 이름이 엄청 많지? 하하, 안 외워도 돼. 이왕 말이 나왔으니까 뜻이나 알아볼까?

먼저 '거서간'은 박혁거세 때 왕을 불렀던 이름이야. '신령한 사람'이란 뜻으로, 군장(우두머리) 혹은 제사장을 가리켜. 그다음 '차차웅'은 두 번째 왕 남해가 쓴 건데, 뜻은 거서간과 비슷해. 이때는 왕이 하늘에 제사를 지내는 등 종교적 우두머리 역할까지 함께했던 것 같아.

그렇다면 '이사금'은 어떤 뜻일까? 이사금은 '임금'의 원래 말이라는 이야기도 있어. 이 이름은 세 번째 왕 유리부터 쓴 것인데, 재미있는 이야기가 전하고 있지.

유리는 왕위에 오르기 전에 석탈해가 덕망이 높다는 소문을 듣고 왕위를 양보하려 했다나 봐. 그러자 석탈해가 "훌륭하고 지혜로운 사람은 이가 많으니 서로 떡을 깨물어 이의 개수를 비교해 보자."고 했다나?

그래서 결과는? 짜자잔, 유리의 이가 더 많았다고 해. 그래서 유리가 신라 제3대 왕이 되었지.

그다음 네 번째 왕은 석탈해가 되었어. 그 후 한동안 박씨와 석씨가 왕위를 이었는데, 나중에 김씨 성을 가진 왕도 등장했지. 그러다가 열일곱 번째 왕인 내물 때부터 김씨가 왕위를 독차지했다나.

이 무렵에는 '마립간'이라는 칭호가 사용되었어. 그렇다면 '마립간'은 무슨 뜻일까? 음, 간단히 말하면 '말뚝'이야. 그냥 말뚝이 아니라 으뜸가는 말뚝이지. 그러니까 마립간은 제일 높은 사람, 즉 우두머리를 가리켜.

이름에도 재미난 사연이 많지? 천 년이나 이어진 신라의 역사는 얼마나 흥미진진한 얘기가 많을까? 기대가 뿜뿜 일지 않니? 자, 부푼 마음을 안고 신나게 출발~!

신라의 역사를 한눈에 쫙~!

경주는 도시 전체가 박물관이라고 말할 수 있을 정도로 곳곳이 유적지야. 아직도 유적 발굴 작업이 활발하게 이루어지고 있어. 천 년 가까운 시간 동안 화려한 문화를 꽃피운 곳이지. 국립 경주 박물관에서는 그 천 년의 역사를 한눈에 볼 수 있다는 말씀!

크게 신라 역사관과 신라 미술관, 월지관으로 이루어져 있어. 구석기 시대부터 통일 신라 시대까지의 역사와 문화를 두루 담고 있으니까 볼 것이 무척 많아. 아마 하루 종일 보아도 시간이 부족할걸?

신라 역사관은 모두 세 개의 전시실로 이루어져 있지. 1관에는 신라의 건국과 성장에 대해 알 수 있고, 2관에는 화려한 유물을 통해서 신라의 황금기 문화를 볼 수 있어. 그리고 3관에서는 왕권이 강화된 뒤 삼국 통일을 이루는 신라의 모습을 만날 수 있지.

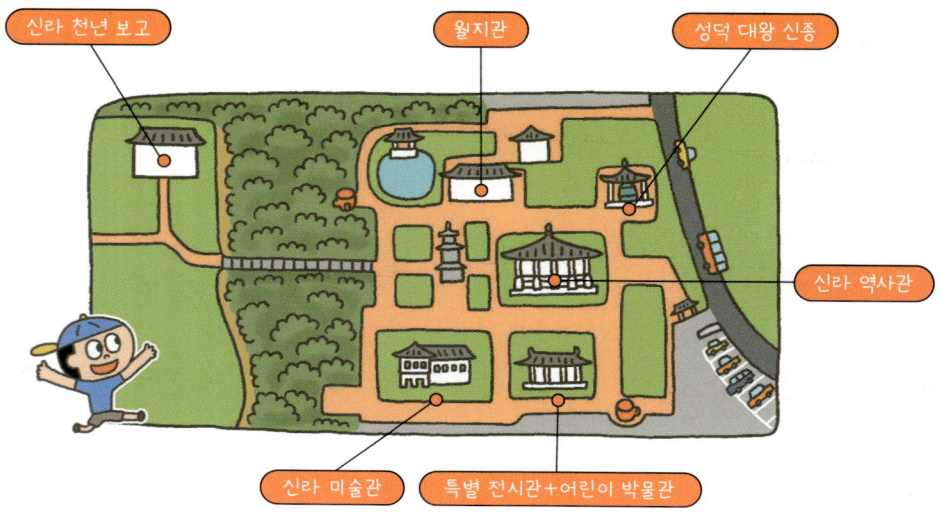

신라 미술관에는 신라에서 발달한 불교 문화를 눈으로 직접 확인할 수 있어. 옛 신라 땅 곳곳에서 발굴된 불교 유적이 전시되어 있거든. 그 다음 월지관에서는 동궁과 월지에서 발굴된 왕궁의 유물과 왕실 생활을 엿볼 수 있고.

교동 금관

여기서는 신라 역사관을 중심으로 살펴보도록 할게. 1관은 신라가 건국되기 전, 경주 일대에 살았던 선사 시대 사람들의 모습과 그들이 사용했던 도구를 전시하고 있어. 그리고 신라를 건국과 성장을 보여 주는 유물들도 있지.

우리가 잘 아는 구석기 시대의 뗀석기, 신석기 시대의 간석기와 빗살무늬 토기, 그리고 농경 문화를 거쳐 청동기 시대로 넘어간다고 보면 돼. 경주뿐 아니라 부산, 창원, 대구, 창녕 등 5세기 신라의 지방 사회 모습까지 살필 수 있도록 최신 발굴 성과까지 전시하고 있어서 볼거리가 아주 풍부해.

● **흙으로 만든 인형, 토우**

신라에서는 어떻게 장례를 치렀을까? 기록이 남아 있지 않아 자세히 알 수는 없지만, 무덤 속에서 발견되는 토우를 통해 조금은 이해할 수 있지.

토우는 흙으로 만든 인형이나 동물 모양의 조각을 말해. 그 시절 사람들은 무덤 속에 집 모양, 사람 모양, 동물 모양 등의 토우를 넣어 줌으로 써 죽은 후에도 계속 행복하게 살기를 바랐던 것 같아.

사람, 동물, 짚신, 집, 말 탄 사람, 용……. 참으로 다양한 모습의 토우들을 볼 수 있어. 그 가운데 얼굴은 용과 같고 몸은 거북이처럼 생긴 토우가 있어. 상상의 동물인 용은 복을 불러오거나 좋은 일이 일어날 것을 상징해. 아마도 무덤 속에 잠든 소중한 사람을 지켜 주고 하늘과 연결시켜 주기를 바라는 마음에서 같이 넣어 둔 게 아닐까?

상서로운 동물 모양의 토기

또 항아리 목에다 토우를 달아 장식하기도 했어. 새, 오리, 거북이, 개구리를 물고 있는 뱀과 같은 토우들을 달았지. 참, 동물 말고 가야금을 타고 있는 사람도 있어. 이런 토우들은 농사가 잘되고 인구가 늘어나길 비는 용도로 사용된 듯해.

사람 모양을 한 토우들을 보면 표정이 진짜로 살아 있는 사람처럼 생생하게 표현되어 있어. 춤추거나 노래하는 모습을 한 것들도 보이고, 죽은 사람의 무덤에서 주인을 위해 명령만 기다리는 듯한 모습도 보여.

어떤 의미에서는 지금의 우리랑 비슷한 것 같지 않니? 가방에 좋아하는 동물이나 캐릭터의 키링을 주렁주렁 달기도 하고, 또 부케를 만들어

말 탄 사람 토우 　　　　　토우 장식 목항아리

서 마음의 위안을 삼기도 하잖아. 신라 사람들에게 토우도 아마 그런 의미가 아니었을까?

영원함과 고귀함의 상징, 황금의 나라

 신라 역사관 2관은 한마디로 신라의 '황금 문화'를 볼 수 있는 전시실이야. 4세기에서 6세기, 즉 이사금 시대에서 마립간 시대로 넘어가던 때인데, 나라가 부유해지고 왕권이 강해지는 시기여서 화려함 그 자체라고 할 수 있거든. 그래서인지 마립간 시기의 무덤에서 금관이 여러 점 발견되었어.

 경주에서 발굴된 금관은 총 6점이야. 신라 사람들이 이렇게 화려한 금관을 무덤에 넣어 준 이유가 무엇일까? 무덤 주인의 권위를 보여 주기 위해서? 아니면 현세의 삶이 저승에서도 이어지기를 바라는 마음으로?

● 신라 왕들은 왕관을 머리에 썼을까?

금관 하면 당연히 머리에 쓰는 거라고 생각하지? 역사 드라마를 봐도 배우들이 금관을 머리에 쓰고 있잖아. 그런데 출토할 때 위치를 보면 머리에 쓴 게 아니라 가면처럼 얼굴을 덮은 것처럼 보인다지 뭐야.

지금까지 금관은 6점이 발굴되었지만, 금에다 동을 섞어 만든 금동관은 꽤 많이 발견되었어. 금관 외에도 지배층의 무덤에서 금귀걸이와 금팔찌, 금반지 같은 장신구들이 많이 나온 걸로 보아, 신라는 황금을 매우 즐겨 사용한 것 같아.

천마총 금관

신라에 대한 다른 나라의 기록을 봐도 "신라에서는 황금이 너무 흔해서, 심지어 개의 사슬이나 원숭이의 목테까지도 황금으로 만든다."라거나, "신라인들은 집을 비단과 금실로 수놓은 천으로 단장한다. 밥을 먹을 때도 황금 그릇을 사용한다."라는 글이 있어. 조금 부풀려진 부분도 있겠지만, 다른 나라 사람들에게는 그만큼 신라가 '황금의 나라'로 느껴졌던가 봐.

금관총 금제 허리띠

금귀걸이(위)와 금그릇(아래)

● 바닷길을 통해 이슬람 사람들이?

 2관에서 또 눈여겨볼 것은 바로 검이야. 금관총에서 나온 신라의 검과 다르게 생긴 황금 검이 전시되어 있거든. 이 황금 보검은 계림로에서 발견된 성인 남성의 무덤에서 나왔어. 그런데 놀랍게도 카자흐스탄 보로보예에서 꼭 닮은 검이 발견되었다지. 검을 장식한 석류석은 동유럽산일 가능성이 높다고 해.

 보검 말고도 신라의 무덤에서는 독특한 유물이 나왔어. 미추왕릉에서 발견된 유리 구슬에는 서역(중국 서쪽에 있는 지역, 오늘날의 중앙아시아 일대) 사람으로 보이는 사람의 얼굴이 그려져 있었지.

 그리고 황남대총에서는 독특한 모양의 유리병과 유리잔이 나왔는데, 그 당

| 황금 보검 | 미추왕릉에서 발견된 옥목걸이 | 봉황 모양 유리병 |

시 유리는 황금 못지않게 귀한 물건이었다고 해. 이런 유리잔은 멀리 서역에서 수입된 것으로 보고 있어. 그리고 보면 신라는 우리가 생각했던 것보다 훨씬 멀리 있는 나라와도 교류를 했던 것 같아.

여러 갈래로 흩어진 마음을 하나로 모으다

이제 3관으로 슬슬 가 볼까? 3관에서는 나라 이름을 '신라'로 바꾸고, 마립간 대신 '왕'이라는 칭호를 쓰던 시기의 유물들을 볼 수 있어. 521년에 중국으로 사신을 보내서 좀 더 적극적으로 대외 관계를 넓혀 나가던 때거든.

왕권이 강화되면서 신라가 중앙 집권화되는 과정을 보여 줘. 지증왕에서 진흥왕까지 영토가 확장되는 과정도 볼 수 있고. 그뿐만 아니라 삼국 통일과 그 후 본격적으로 꽃피운 통일 신라의 문화도 함께 다루고 있지. 한마디로 신라의 최고 전성기를 만나는 거야.

먼저 불교가 어떻게 신라로 들어오게 되었는지 한번 살펴볼까?

● 불교를 위해 목숨을 바치다, 이차돈 순교비

신라는 백제나 고구려와 달리, 예전부터 믿었던 종교나 관습을 유지하려는 경향이 강했어. 그래서 불교가 들어왔을 때 귀족들의 반발이 심했지.

법흥왕은 왕위에 오른 뒤 불교를 공식적으로 받아들여 나라를 통합하고 왕권을 드높이고 싶어 했어. 하지만 귀족들은 여전히 전통 신앙만을 고집했지. 이를 보다 못한 이차돈이 스스로 희생양이 되겠노라고 제안을 한 거야.

법흥왕은 깊은 고심 끝에 그 제안을 받아들였어. 그리하여 흥륜사 건립 공사를 밀어붙인 죄를 물어 이차돈의 목을 베었

이차돈 순교비

지. 그런데 세상에! 피가 아니라 흰 젖이 한 장(丈, 약 3미터)이 넘게 솟았다지 뭐야? 이어 하늘이 어두워지고 땅이 흔들리더니 사방에서 꽃비가 내렸다고 해.

이차돈의 희생으로 신라는 불교를 공식적으로 받아들이게 되었어. 그리고 흥륜사라는 신라 최초의 절이 생겨났지. 그 후 통일 신라 때 이차돈의 순교를 기념해 비석을 세웠는데, 그게 바로 '이차돈 순교비'야.

흥륜사지 옛 절터

● **돌에다 목표를 새기다, 임신서기석**

친구들은 아주아주 중요해서 오래 기억하고 싶거나 나의 목표를 다짐하기 위해서 행동으로 나타내 본 적 있어? 3관에는 나라에 충성할 것을 돌에 새겨 놓은 비석이 있어. 바로 '임신서기석'이야.

여기서 '임신'은 아기를 가지는 걸 뜻하는 게 아니고, 육십 간지 가운데 임신년을 뜻해. 왜, 있잖아. 새해 첫날에 "○○년 해가 밝았습니다."라고 하는 거……. 그런 식으로 꼽으면, 올해 2025년은 을사년이야.

그러니까 '임신서기석'은 임신년 6월 16일에 나라에 충성할 것을 맹세한 글을 새긴 비석을 가리켜. 무슨 내용이냐고? 음, 생각보다 간단해. 평생토록 나라에 충성을 다할 것을 다짐하고, 3년 안에 유교 경전 공부를 마치겠다고 약속하고 있어.

우리도 매번 시험이나 새해를 앞두고서 목표를 세우잖아. 신라 사람들도 똑같이 자신이 이루고 싶은 바를 더 잘 지키기 위해서 돌에다가 이런 글을 새긴 것 같아.

그런데 힘들게 왜 돌에다 새겼냐고? 신라 시대에는 종이가 아주 귀해

임신서기석

서 구하기가 어려웠거든. 애고고, 엄청 힘들었겠다. 그치?

　3관은 정말로 신라의 최고 전성기를 담고 있는 것 같아. 중국의 제도와 문물을 들여와, 경쟁 국가였던 고구려나 백제에 버금갈 만큼 나라의 기틀을 다졌던 때가 아닌가 싶어. 이차돈의 순교에 힘입어 불교를 정신적 배경으로 삼은 뒤, 여러 갈래로 나뉘어 있던 세력을 '신라인'이라는 이름 아래 하나로 모으는 과정을 각종 유물을 통해 생생히 보여 주고 있지.

　자, 그럼 이제 바깥으로 나가 볼까?

　앗, 그런데 저게 뭐지? 엄청 커다란 종이 있어. 바로 성덕 대왕 신종이야. 이름 그대로 성덕왕을 기리기 위해 그의 아들 경덕왕이 만들기 시작

했다가, 다음 왕인 혜공왕 때 완성되었지. 우리나라에서 가장 크고 아름다운 종으로 꼽혀.

종 몸통 부분에 아름다운 비천상이 새겨져 있어서 당장이라도 사람들의 소원을 들고 하늘로 올라갈 듯한 모습을 하고 있어. 엄청나게 크고 무거운 종을 만드는 것도 어려운 일인데, 아름다움까지 놓치지 않은 거 있지?

그런데 지금은 종을 직접 치지는 않아. 종이 깨질 것을 염려해서 녹음된 소리를 들려주고 있다나 봐. 매시 정각과 20분, 40분에 근처에 가면 종소리를 들을 수 있다니까, 시간 맞춰 가 보는 거 어때?

자, 종소리를 한번 들어 볼까?

"우~웅 우~웅 우~웅~."

뭔가 끊어질 듯하면서도 계속해서 이어져. 비슷한 소리가 서로 간섭하면서 작아졌다가 커졌다를 반복하며 이어 가기 때문이래. 성덕 대왕 신종에 대해 더 알아보고 싶다면 신라 미술관에 있는 성덕 대왕 신종 소리 체험관에 가 보도록 해.

참, 서울에 있는 국립 중앙 박물관에서도 성덕 대왕 신종의 소리를 체험할 수 있어. 3층에 있는 감각 전시실 '공간_사이'에 가면 소리의 간접 현상을 뜻하는 '맥놀이 원리'를 영상과 음향, 진동 체험, 촉각 체험으로 만날 수 있도록 전시하고 있거든. 시간 날 때 방문해서 체험해 보는 것도 좋겠지?

아, 참! 성덕 대왕 신종 근처에 고래가

성덕 대왕 신종

성덕 대왕 신종 용뉴

수덕사 당목

숨어 있다던데……, 한번 찾아볼래? 아무리 찾아보아도 안 보인다고? 그럼 힌트를 줄게. 종을 치는 나무를 꼼꼼히 살펴봐. 고래 모양이 보이니? 그걸 '당목'이라고 불러. 그런데 딱 고래 같지는 않지?

이번에는 종 위쪽을 볼까? 용이 한 마리 있는데, 이 용을 '포뢰'라고 해. 이름이 참 어렵다. 그치? 그런데 그거 알아? 포뢰가 고래를 엄청 무서워한다는 거……. 그래서 고래 모양으로 만든 당목으로 종을 치면 포뢰가 아주아주 크게 운다는 거야.

충청남도 예산에 있는 수덕사라는 절에 가면 고래 모양으로 조각해 놓은 당목을 실제로 볼 수 있어. 언제 기회가 되면 한번 찾아가 봐.

학교에서는 언제 배워?

초등학교 《사회》 5학년 2학기 1단원 〈옛사람들의 삶과 문화〉에서 신라의 건국과 발전, 그리고 통일 전 신라의 문화에 대해서 배우게 돼.

그건 왜 그래?

1. 신라는 '○○의 나라'라고 불렸어. 빈칸에 들어갈 말을 골라 보자.
   ① 철기 ② 청동 ③ 황금

2. 신라의 금관이 주로 출토되는 시기에 왕을 불렀던 호칭은 무엇일까?

3. 법흥왕 때 불교를 받아들이기 위해 자신의 목숨을 기꺼이 바쳤던 사람은?

정답 1. ③ 황금 2. 마립간 3. 이차돈

활동하기 〉 **나의 다짐 적어 보기**

앞에서 돌에다 자신의 다짐을 새겼던 임신서기석 얘기를 했잖아. 우리도 그때 신라 사람들처럼 자신과의 약속을 한번 적어 볼까?

나, (　　　　　　　) 은(는)

_____

_____

_____

_____

_____

을(를) 약속한다.

20   년   월   일

도장 깨기 TIP TIP TIP

2 국립 경주 어린이 박물관은 미리 예약을 해야만 이용할 수 있어. 체험형 전시가 많은 데다 전시 연계 교육 프로그램도 다양하니까 예약해서 참여해 보도록 해.

1 신라의 유물에 대해서 설명을 듣고 싶다면? 전시 해설 프로그램이 있으니까 시작 오 분 전까지 전시관 안내소로 가는 게 좋아. 평일과 주말 시간표가 다르니까 미리 살펴봐.

3 국립 박물관 전시 안내 앱을 깔면 각 지역의 국립 박물관의 전시 내용과 가상 체험을 할 수 있는 프로그램을 마음껏 활용할 수 있어. 앱과 홈페이지가 연동되어 박물관 관람 예약도 할 수 있지. 이게 바로 일석이조!

국립 박물관 전시 안내

경주 쪽샘 유적 발굴관

경주는 전체가 박물관이라고 했지? 지금도 계속 유적을 발굴하고 있는 곳이 있어. 쪽샘 유적 발굴관에 가면 유리창 너머가 아니라 실제로 고분 모습을 볼 수 있거든. 총 11단계에 걸쳐서 보여 준다고 하니까, 그곳에 가 보면 아주 생생한 경험을 할 수 있겠지?

ⓒ 국립경주문화재연구소

국립 중앙 박물관

국립 경주 박물관에도 신라에 관련된 유물이 많지만, 서울 용산에 있는 국립 중앙 박물관에도 신라관이 있어. 6점의 신라 금관 가운데서 황남대총에서 나온 금관과 금제 허리띠가 전시되어 있으니까 꼭 살펴봐.

국립 경주 박물관

- 주소 : 경북 경주시 일정로 186
- 홈페이지 : https://gyeongju.museum.go.kr/
- 관람 시간 : 10:00 ~ 18:00(토요일 및 공휴일 19:00)
  　　　　　 10:00 ~ 21:00(마지막 주 수요일, 3~12월 매주 토요일)
  　　　　　 (입장은 마감 30분 전까지)
- 입장료 : 무료
- 휴관일 : 1월 1일, 설날, 추석
- 대중교통 : KTX 신경주역 정거장에서 700번 버스,
  　　　　　 경주 시외버스·고속버스터미널·경주역 정거장에서 11, 600,
  　　　　　 601, 603, 604, 605, 607, 608, 609번 버스
- 주차 가능

경주는 사방이 산으로 둘러싸여 있어. 그중 남쪽에 있는 산을 '남산'이라고 해. 남산은 '지붕 없는 박물관'이라고도 불러. 왜냐고? 신라 시대의 유물과 유적이 가득 남아 있는 데다 아주 먼 옛날, 그러니까 신라가 세워지기 전의 시절을 알 수 있는 흔적들도 많이 발견되었거든. 자, 그럼 남산 국립 공원으로 총총 달려가 볼까? 운동화 끈 단단히 매!

세 번째 도장

남산 국립 공원

남산에는 옛날부터 전해져 내려오는 재미난 설화가 있어. 아주 먼 옛날 한 처녀가 시냇가에서 빨래를 하고 있었는데, 산처럼 큰 두 남녀 신이 자기 쪽으로 성큼성큼 다가오지 않겠어?

하도 놀란 나머지, 처녀는 "저기, 산처럼 생긴 사람 좀 봐라!"라고 하려다 "산 봐라! 사람 살려!" 하고 외쳤대. 그 순간 두 남녀 신이 그 자리에서 진짜로 산이 되어 버렸다나 봐. 남자 신은 '남산'이 되고, 여자 신은 서쪽에 있는 '망산'이 되었다지?

바위처럼 튼튼하고 큰 남자 신이 남산이 되어서 그런가? 남산에는 유난히 큰 바위와 계곡이 많아. 게다가 신라가 세워지기 전인 신석기 시대와 청동기 시대를 알 수 있는 흔적들도 발견되었다고 해. 물론 신라 시대의 유물과 유적도 가득하지. 남산에는 150여 곳의 절터와 118여 개의 불상, 97여 개의 탑이 있다나. 정말로 어마어마하지?

남산 늠비봉 오층 석탑과 경주 시내 모습

박씨 왕족의 무덤, 삼릉으로 출발!

　남산을 오르는 등산로에는 여러 코스가 있는데, 가장 많은 문화재를 만날 수 있는 코스의 출발점이 바로 삼릉이야. 삼릉이라는 걸로 보아 무덤이 세 개란 뜻이겠지? 신라의 제8대 아달라 이사금, 제53대 신덕왕, 제54대 경명왕의 무덤으로 추정하고 있어.

삼릉

삼릉 주변의 소나무 숲

　아달라와 신덕왕, 그리고 경명왕은 살았던 시대가 크게 차이 나는데, 왜 같은 곳에 무덤을 만들었을까? 아쉽게도 기록이 남아 있지 않아서 무덤의 주인을 아직 정확히 알 수는 없어. 하지만 세 명의 공통점이 하나 있지. 모두 박씨라는 것!

　신라는 고구려나 백제와 다르게 박, 석, 김 이 세 성씨가 왕족이었거든. 그래서 차례로 돌아가면서 왕이 되었지. 여러 세력을 아우르고 나라를 세운 박씨, 철기 문화를 신라에 들여와 나라를 발전시킨 석씨, 신라의 전성기를 이루고 삼국 통일을 한 김씨…….

남산에 고이 새겨진 부처님의 마음

남산에는 사십 개가 넘는 골짜기가 있어. 골짜기마다 불상들이 있어서 사람들의 힘겨운 마음을 달래 주고 있지.

먼저 배동 석조 여래 삼존 입상을 살펴볼까? 불상 이름이 너무 복잡하

경주 배동 석조 여래 삼존 입상

경주 남산 장창곡 석조 미륵 여래 삼존상

지? 이름을 어떻게 붙이는지 규칙을 알면 조금 쉬워져. '배동'은 발견한 자리, '석조'는 만든 재료, '여래'는 부처님을 뜻해.

'삼존'은 주요 부처님과 그 부처님을 좌우에서 모시는 보살 또는 부처님을 말하는 것으로, 부처님이 세 분 있다는 뜻이야. '입상'은 서 있는 모습을 가리켜. 알고 보니 그다지 어렵지 않지?

배동 부처님들의 모습을 보면, 아이 얼굴처럼 통통한 볼이 인상적이지? 이런 부처님이 또 있어. 바로 국립 경주 박물관 신라 미술관 1층의 불교 조각실에 있는 미륵 여래 삼존이야. 삼화령 애기 부처라고도 불려. 좌우의 부처님이 아이의 신체 비율을 가지고 있어서 그런 거 같아.

미륵 여래 삼존상을 직접 보러 간다면, 좌우의 부처님 발가락을 한번 확인해 봐. 까맣게 변해 있는 게 보일 거야. 유물을 만지면 안 되는 건 알지? 그런데 예전에 어린 학생들이 불상의 발을 마구 만져서 그리된 거래.

● **바위 곳곳에 부처님의 세상을 담다**

남산에는 크고 단단한 바위가 많아서 그런지, 부처님을 조각한 마애불이 많이 남아 있어. 상선암 마애 석가 여래 대불 좌상은 남산에서 가장 높은 곳에 있는데, 무려 높이가 5미터가 넘는다지 뭐야.

특이하게도 얼굴은 튀어나오게 조각하고, 몸은 바위 표면에다 선으로 표현했다지? 그 앞에는 사람들이 부처님께 인사드릴 수 있도록 자리가 마련되어 있어. 자, 우리도 두 손을 모으고 소원을 빌어 볼까?

신선암 마애 보살상은 바위에 배 모양으로 조금 파낸 후 보살님이 튀어나오게 조각한 불상이야. 보살님은 우리같이 평범한 사람들을 도와주기 위해서 이 세상에 남아 있다고 해. 그래서일까? 부처상보다 좀 더 부드러운 인상이야.

참, 신선암이 일출 명소인 거 알고 있니? 보살님 옆으로 떠오르는 해를 보러 사람들이 즐겨 찾는 곳이야. 아침에 떠오르는 태양 빛이 부처님 얼굴을 비출 때 어떤 표정을 짓고 있을까? 궁금하면 꼭 가 봐!

상선암 마애 석가 여래 대불 좌상

신선암 마애 보살 반가상

남산을 여유롭게 둘러볼 시간이 없어서 딱 한 곳만 가야 한다면? 바로 탑곡 마애 불상군을 봐야 해. 바위 하나에 불교의 모든 상징을 표현해 두었거든.

동서남북, 즉 사면의 바위에 탑과 부처님, 비천(하늘을 나는 천상의 존

탑곡 마애 불상군 남쪽 면 · 탑곡 마애 불상군 북쪽 면

"구층 탑이 새겨져 있는 게 보이지?"

"저 탑을 보고 황룡사 구층 목탑을 복원했대."

재), 부처님의 나라를 지키는 사자, 승려, 그리고 불교에서 중요하게 여기는 나무까지 새겨 둔 거 있지? 바위를 한 바퀴 돌면서 하나하나 찾아보면 색다른 재미를 느낄 거야.

● **부처님 사리를 탑 속에 고이…**

절에 가면 탑이 많이 보이지? 탑은 왜 만드는 걸까? 인도에서 부처님이 돌아가셨을 때 몸에서 사리가 나왔는데, 불교를 믿는 사람들이 그걸 모두 갖고 싶어 했다는 거야. 결국 그 사리를 나누어 자기 나라로 돌아간 뒤 탑을 만들어 모셔 둔 거지. 그러니까 탑은 곧 부처님을 뜻한다고 할 수 있어.

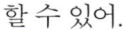

지금도 사람들이 소원을 빌 때 돌탑을 쌓곤 하잖아. 신라 사람들도 남산에 절을 짓고 탑을 많이 쌓았어. 남산에 용장사라는 절이 있었는데, 건물은 없어지고 탑과 불상만 남아 있어. 용장사지 삼층 석탑은 남산을 오르다가 만나는 탁 트인 평지에 우뚝 서 있으니까 꼭 찾아봐.

용장사지 삼층 석탑을 자세히 보면, 신라 사람들의 재치를 엿볼 수 있어. 탑은 크게 기단(받침)과 탑신(탑의 몸통), 상륜(꼭대기) 이렇게 세 부분으로 나뉘는데…….

참, 탑의 층수는 탑신의 지붕돌 개수를 세면 돼. 신라에서 가장 많이 만드는 형식은 두 개의 기단 위에 3층을 쌓고 그 위에 장식을 올리는 거야.

용장사지 삼층 석탑은 받침 부분이 특이해. 돌을 다듬어서 2단짜리 바위 받침을 쌓지 않고, 원래 있던 바위를 가장 밑에 있는 단으로 삼은 다음 그 위에 한 개의 단만 쌓았거든.

맨 아래 기단을 남산으로 삼은 거니까 남산 전체가 탑이 되는 거지. 정말로 기발하지? 자연 그대로와 사람이 만든 것을 잘 어우러지게 만들어 최고의 아름다움을 빚어 냈다고 해야 할까?

용장사지 삼층 석탑

박혁거세가 태어난 우물, 나정

아까 삼릉에 박씨 왕들의 무덤이 있다고 했지? 박혁거세는 바로 남산 기슭에 있는 우물인 '나정'에서 태어났다고 전해져. 여섯 마을의 촌장 중 한 명이 신비한 빛이 보여 나정에 가 보니, 백마 한 마리가 커다란 붉은색 알을 지키고 있었다나? 그 알을 깨 보니 사내아이가 나왔다지 뭐야.

나정 발굴 현장

세상을 밝게 한다고 해서 혁거세라고 이름을 지은 뒤, 둥근 알을 뜻하는 '박'을 성으로 붙였다고 해.

네 차례의 발굴 연구를 통해서 나정에 실제로 우물이 있었고, 우물 근처에서 제사용 토기와 청동기 시대의 집터가 있었다는 사실이 밝혀졌어.

그 후 우물을 메우고 팔각형으로 생긴 건축물을 세운 것으로 보여져. 그런데 왜 팔각형 건물을 세웠을까? 옛날에는 하늘을 둥근 원으로, 땅을 네모로 표현했어. 아마도 하늘을 표현하기 위해서 원에 가까운 팔각형으로 건물을 지은 것 같아. 또 둥근 원은 박혁거세가 태어난 알을 상징하기도 하지.

그러니까 이걸로 나정 주변에서 사람들이 꽤 오랫동안 살았다는 걸 알 수 있어. 나정에 세워진 건물의 구조로 보아, 신라 사람들에게 매우 신성한 장소였던 것 같기도 하고.

천 년 왕국 신라가 기울어 가다

　삼국을 통일하고 화려한 문화를 꽃피웠던 신라도 시간이 지나면서 왕의 힘이 약해졌어. 귀족들이 서로 왕이 되겠다고 힘을 키우면서 왕위를 두고 계속 다투었거든. 백성들의 생활을 돌보아야 하는 귀족들이 서로의 힘만 키우느라 싸우게 되니까, 그동안 만들어 둔 제도가 제대로 운영되지 않으면서 백성들의 삶이 점점 힘들어지게 되었어.

　결국 백성들은 저항을 하기 위해 뭉치기 시작했어. 대표적인 사건이 원종과 애노를 중심으로 농민들이 일으킨 봉기야. 혼란이 심해지자 각자 살아가기 위해 지방에서는 '호족'을 중심으로 사람들이 모여들기 시작했고. 호족은 경제력과 군사력을 갖추고 독자적으로 자기 지역을 다스렸지.

곳곳에서 호족들이 성장하는 가운데, 마침내 나라를 세우는 인물이 나타났어. 견훤은 전라도 지역을 중심으로 백제를 계승한 후백제를 세웠고, 궁예는 철원을 중심으로 고구려를 계승한 후고구려를 세웠어. 그렇게 해서 신라와 후백제, 후고구려가 서로 경쟁하던 시기를 후삼국 시대라고 불러.

신라가 쇠퇴한 원인 중에 사람들이 많이 이야기하는 것으로 골품제가 있어. 신라의 신분 제도인 골품제는 매우 엄격해서 개인의 승진이나 혼인 상대까지 골품에 따라 모두 제한받았지. 그래서 능력이 뛰어난 사람들을 끌어안지 못하게 된 거야. 이들은 지방 호족들과 손을 잡고 신라를 멸망시키는 데 큰 역할을 해.

포석정은 국가의 잔치나 제사를 지내던 곳이야. 사람들에게는 신라 지배층이 나라를 위해 일하기보다, 잔치를 열어 방탕하게 즐기는 장소로 알려져 있어.

《삼국사기》에 따르면 후백제의 견훤이 경주로 쳐들어올 때 신라의 경애왕은 견훤이 가까이 온 줄도 모른 채 잔치를 즐겼다고 해. 그렇지만 포석정과 그 주변을 연구해 보니, 제사와 관련된 도구들이 많이 나왔다나 봐.

포석정은 돌로 만든 인공 수로인데, 물이 들어오는 곳에서 나가는 곳까지 미세하게 경사를 만들어서 물이 흐르도록 했어. 신라 지배층 사람들은 포석정에 둘러앉아 흐르는 물에 술잔을 띄우고는, 술잔이 제 앞에 오면 시를 읊는 놀이를 했다지. 수로에다 물 대신 술을 흐르게 했다는 얘기도 있고.

어쨌거나 이 수로는 포석정의 일부 시설이었을 거라고 추측해. 유물이 출토되어서 그곳에 건물이 있었다는 게 밝혀졌거든. 남산 자락에 있으니까 그냥 지나치지 말고 꼭 들러 봐.

포석정

학교에서는 언제 배워?

초등학교 《사회》 3학년 1학기 2단원 〈일상에서 만나는 과거〉에서 우리 주변에 있는 오래된 건축물이나 사진, 그림 등으로 알게 된 과거의 모습을 친구들에게 소개하는 시간을 가져. 그리고 5학년 2학기 1단원 〈옛사람들의 삶과 문화〉에서는 신라의 건국과 발전, 그리고 신라의 문화에 대해서 배우게 돼.

그건 왜 그래?

1. 박혁거세가 태어난 장소는 어디일까?

2. 부처님의 사리를 모셔 두기 위해 쌓은 것은?

3. 신라 왕족의 세 가지 성씨는 무엇일까?

정답 1. 나정 2. 탑 3. 박씨, 석씨, 김씨

| 활동하기 | **남산의 문화 해설사 되기** |

남산에는 유적이 아주 많기 때문에 어디를 갈지 답사 코스를 미리 잘 정해 두어야 해. 어디어디를 들를지 순서를 정하면서 계획을 세워 볼까?

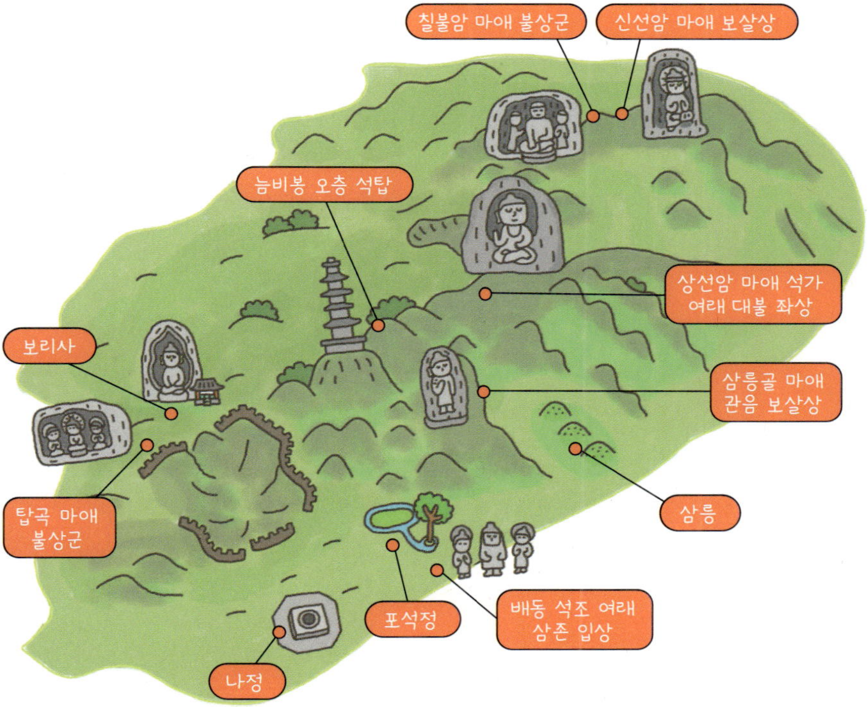

칠불암 마애 불상군
신선암 마애 보살상
능비봉 오층 석탑
상선암 마애 석가여래 대불 좌상
보리사
삼릉골 마애 관음 보살상
탑곡 마애 불상군
삼릉
배동 석조 여래 삼존 입상
포석정
나정

① 나정 → 포석정 → 삼릉 → 상선암 → 칠불암 → 신선암

②

③

도장깨기 TIP

1 남산은 그리 높지는 않지만 바위와 자갈이 많아서 미끄러지지 않는 운동화를 신는 게 좋아.

2 삼릉의 안개가 보고 싶다면? 봄과 가을에 일교차가 큰 날 아침 일찍 서둘러 가면 멋진 풍경을 만날 수 있어.

3 남산을 오르는 게 부담스럽다고? 그렇다면 등산을 하지 않고도 마애불을 볼 수 있는 방법이 있어. 남산 동편의 보리사 마애불이나 탑곡 마애 불상군 쪽으로 가는 걸 추천해.

얼굴은 입체적인데, 몸은 선으로 그려져 있네?!

와~, 진짜!

보리사 마애불

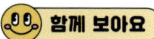 함께 보아요

보리사

화랑교를 넘어 탑골 입구에서 약 400미터가량 남쪽으로 가면 갯마을이 있어. 옛날에 나룻배가 닿던 곳이라고 해. 대밭 옆길로 난 산등성이를 따라 올라가면 정상 가까운 곳에 비구니들이 수도하는 보리사가 있어.

 함께 보아요

서출지

남산 기슭에 있는 연못이야. 남산 마을 한가운데에 삼층 석탑 두 기가 있고, 동쪽에 아담한 연못이 있어. 신라의 소지왕이 이곳에 갔을 때, 연못에서 나온 노인이 편지를 주었다고 해서 '서출지'란 이름이 붙었어.

남산 국립 공원

- 주소 : 경북 경주시 배동
- 관람 시간 : 연중 무휴
- 대중교통 : 경주 시외버스터미널 정거장에서 500, 505, 507, 508번 버스 승차, 삼릉 혹은 포석정 정거장에서 하차
- 주차장 : 없음

포석정

- 주소 : 경북 경주시 배동 454-3
- 관람 시간 : 9:00 ~ 18:00(3~10월), 9:00~17:00(11~2월), 연중 무휴
- 입장료 : 어른 2,000원, 군인·청소년 1,000원, 어린이 500원
- 대중교통 : 경주 시외버스터미널 정거장에서 500, 505, 507, 508번 버스 승차, 포석정 정거장에서 하차
- 주차 가능 : 소형 2,000원(승용 16인승 이하), 대형 4,000원

경주 시내를 다니다 보면 집과 집 사이에 조그만 언덕처럼 보이는 게 많이 있지? 사실은 언덕이 아니라 신라의 왕을 비롯한 귀족층의 무덤(고분)이야. 아직도 무덤을 계속 발굴하고 있어. 이렇게 신라의 왕이나 왕비, 귀족층의 것으로 추정되는 대형 고분 밀집 지역을 '대릉원'이라고 불러. 대릉원에 자그마치 150여 기의 무덤이 있다지? 그럼 다 같이 대릉원으로 출발해 볼까?

세 번째 도장
대릉원 일대

대릉원 전경

　무덤을 왜 자꾸 발굴하냐고? 무덤은 그 당시 사람들의 생각이나 생활 모습을 알 수 있는 증거거든. 신라 역사의 수수께끼를 푸는 데 아주 중요한 열쇠가 돼.

　천마총, 황남대총, 미추왕릉……. 어디선가 들어 본 듯한 이름이지? 모두 고분의 이름이야. 그런데 왜 어떤 건 '총(塚)'으로 끝나고 어떤 건 '릉(陵)'으로 끝날까?

　왕족의 무덤 중에서 주인이 명확하게 밝혀진 경우에는 '릉'을 붙이고, 무덤 안에 있는 물건들로 봐서 왕족인 듯하지만 아직 주인을 명확하게 모를 경우에는 '총'으로 불러.

　대릉원을 비롯해 그 주변의 고분들은 신라의 지배층, 즉 박씨와 석씨, 김씨 중에서 김씨가 왕권을 독점하는 시기에 만들어진 거야. 왕을 마립간으로 부르던 때지.

헉, 경주 시내 곳곳에 무덤이?

경주 시내에 고분이 얼마나 많이 있을까? 일제 강점기 때 조사한 바에 따르면, 총 155기가 있다고 해. 엄청나게 많지? 여길 봐도 무덤, 저길 봐도 무덤인 셈이지.

고분은 만드는 방식에 따라 이름을 다르게 붙이는데, 신라에서 만든 무덤은 대부분 '돌무지 덧널무덤'이야. 시신을 보관하는 관과 죽은 사람이 사용했거나 죽은 후에 사용하길 바라면서 넣은 유물을 나무로 만든 곽(덧널)에다 담는 거지. 그리고 그 곽을 돌(돌무지)과 흙으로 뒤덮는 방식이야.

이렇게 꽁꽁 덮어 놓은 덕분에 무덤 속 유물이 누군가에게 도난당하지 않고 무사히 남아 있는 거겠지? 무덤 속 유물을 통해서 무덤 주인의 생활 모습이나 좋아했던 것, 그리고 신라 사람들이 생각하는 죽음 등등 알 수 있는 것들이 참 많아.

세 번째 도장_대릉원 일대

우리 손으로 처음 발굴하다, 천마총

천마총은 주인이 누구인지는 모르지만, 〈천마도〉라는 그림이 나와서 그런 이름이 붙었어. 천마총은 우리나라 고고학 기술을 사용해 처음 발굴한 고분이야. 천마총 옆에 있는 황남대총을 발굴하기 전에 연습하는 마음으로 발굴을 했다나 봐.

옛날부터 왕의 무덤을 발굴하면 저주를 받는다는 소문이 있었어. 신기하게도 천마총을 발굴할 때, 맑은 하늘이 갑자기 어두워지더니 엄청난 비가 내렸다고 해. 심지어 나무로 된 곽을 열었을 때는 흰 연기가 하늘로 푸르르 올라갔다나?

사실 천마총을 발굴한 시기가 장마철이었거든. 고분은 물기가 스며들지 않도록 최대한 밀봉을 해. 그래서 고분 내부와 외부의 온도 차이가 커져서 고분을 발굴할 때 흰 연기가 생기기도 한다나 봐. 실제로 오랫동안 산소와 차단되어 있던 〈천마도〉가 발굴을 통해 공기 중에 드러나자마자 화려한 색감이 곧장 바래기 시작했지.

천마총 내부

● 무덤에서 〈천마도〉가 나왔다고?

천마총 안으로 들어가면 가장 먼저 천마총 내부의 구조를 볼 수 있어. 천마총에서 발굴된 유물과 그 위치에 대해서 알 수 있어. 관 안에는 죽은 왕의 금관을 비롯해 금으로 만든 장신구들이 들어 있고, 관 주변에는 황금 신발이나 〈천마도〉 같은 유물들이 있어.

〈천마도〉는 신라의 미술에 대해 알 수 있는 아주 중요한 유물이야. 그래서 고분 이름이 된 거지. 천마총에서는 〈천마도〉가 한 쌍이 되는 그림 2점씩 총 세 쌍이 나왔어. 즉 사람들이 많이 아는 〈천마도〉 말고도 두 쌍이 더 있는 거야.

자작나무 껍질로 만든 〈천마도〉   대나무살 금동판으로 조각해 붙인 〈천마도〉

〈천마도〉는 그림이 그려진 바탕 재료가 서로 다른 세 종류가 나왔는데, 가장 유명한 것은 자작나무 껍질(백화수피)을 겹쳐서 꿰매 만든 〈천마도〉야.

두 번째 〈천마도〉는 대나무를 얇게 자른 뒤 겹쳐서 바탕을 만든 다음, 그 위에 천을 댄 후 금동판으로 천마를 조각해서 붙인 거야. 그리고 마지막 〈천마도〉는 옻나무에서 나오는 액체를 발라 만든 것인데, 아쉽게도 너무 많이 부서져서 원래 모습을 알아보기 힘든 상태라지 뭐야. 워낙 빛에 약해서 지금까지 단 세 차례만 공개되었다고 해.

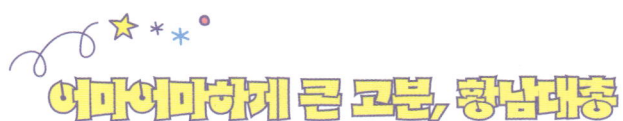

어마어마하게 큰 고분, 황남대총

황남대총은 천마총을 발굴한 뒤에 연구를 하기 시작했어. 그런데 앞에 대(大) 자가 왜 붙어 있는 걸까? 무지무지 커서 그래. 대략 삼백 명의 사람들이 날마다 사 개월 이상 일을 해야 만들 수 있는 규모라지? 진짜 어마어마하지?

이곳에는 두 명의 주인이 각각 남북 방향으로 묻혀 있다고 해. 아마도 부부의 고분이지 않을까?

황남대총 전경

왕릉 발굴의 저주

　황남대총의 크기를 보고 다들 신라 왕의 무덤이라고 생각했지. 아니나 다를까, 북쪽에 있는 고분에서 금관이 발견되었어. 남쪽에 있는 고분에서는 은관이 나왔고. 그래서 북쪽 고분은 왕의 무덤, 남쪽 고분은 왕비의 무덤으로 추측했지.

　그런데 나중에 북쪽 고분에서 '부인의 허리띠'라고 적혀 있는 허리띠가 나와서 금관이 나온 북쪽 고분이 여왕의 무덤, 남쪽 고분이 여왕의 남편 무덤일 것으로 추정했다고 해.

　남쪽 고분에서는 말을 꾸미는 다양한 장식들이 나왔는데, 그중에 말안장을 꾸미는 금동 말안장이 있었지. 이 말안장은 금동판 안에 비단벌레 날개를 넣어 오색 빛이 나도록 만든 거야.

　아쉽게도 비단벌레는 빛과 습도에 약해서 어떻게 보존할지 방법을 아직 찾지 못했어. 지금은 화장품에 많이 쓰이는 보습제인 글리세린 안에 넣어 박물관의 창고 어두운 곳에 보관하고 있다고 해.

어린아이의 무덤, 금령총

　대릉원을 나와 길을 건너면, 한적하게 고분을 즐길 수 있는 곳이 있어. 담장도 없고 지키는 이도 없어서 사람들로 북적이는 대릉원과는 또 다른 분위기를 풍기지.

　앞에서 보았던 천마총과 황남대총이 성인의 무덤이라면, 금령총은 어린아이의 무덤이야. 일제 강점기 때 발굴했는데, 주인공의 허리 쪽에서 금방울(금령) 한 쌍이 나와서 '금령'이라는 이름이 붙었어.

　무덤의 주인공은 대여섯 살 정도의 남자아이였을 것으로 추측해. 금령총에서 나온 금관의 머리 둘레가 다른 금관에 비해 작은 데다, 황금 허리띠도 천마총에서 나온 것보다 길이가 훨씬 짧았다지? 물론 발견된 관의 크기도 작았고.

　금령은 자세히 보면 볼수록 참 아름답고 귀여워. 아마도 금령총 주인공의 부모님은 먼저 떠나보낸 아들이 먼 길을 갈 때 심심하지 않게끔 장난감을 많이 넣어 준 것 같아. 금령총에는 이 금방울 말고도 한 쌍이 더 있으니까 한번 찾아보도록 해.

　참, 금령총에는 왕자의 모습을 담았다고 생각되는 토기가 있어. 말을 탄 사람의 모습을 만든 토기야. 모두 두 기가 나왔다지? 머리에는 관을 쓰고 있고, 오똑한 콧날에 달걀형 얼굴, 그리고 눈을 살짝 감은 듯한 모습이야. 나머지 하나는 왕자를 따르는 하인의 모습을 하고 있어. 이 두 사람은 말을 타고 어디

금령총 금방울

금령총 기마 인물형 토기

로 가는 걸까?

어린 왕자여서 그런지 말을 아주 좋아했나 봐. 말 관련 유물들이 유난히 많이 나왔어. 높이가 56센티미터가량 되는 토기의 비율도 실제 말과 비슷하다지? 입 부분을 보면 혀를 쏙 내밀고 있어서 메롱하는 것 같기도 해. 어때, 좀 귀엽지 않아?

금관총이 이사지왕의 무덤이라고?

금관총은 왜 이렇게 이름을 지었을까? 이제 딱 짐작이 가지 않니? 맞아, 금관이 나와서 그런 이름이 붙은 거지.

금관총은 일제 강점기 때 발굴이 되었어. 금관총 주변에 살고 있던 사람이 집을 수리하기 위해 언덕에서 흙을 파 왔는데……. 글쎄, 아이들이 파란 구슬 같은 걸 가지고 놀더래. 그래서 그곳을 파 보니까 어마어마한 양의 황금 왕관과 허리띠, 귀걸이 등이 나왔다지 뭐야.

금관총 금관

　금관총은 경주에서 처음으로 금관이 발굴된 무덤이야. 금관을 만드는 기술이 어찌나 섬세하고 뛰어난지 혀를 내두를 정도라나? 출(出) 자 모양의 가운데 장식과 사슴뿔 모양이 좌우로 구성되어 있어.
　동그란 금판과 굽은 옥(곡옥)을 금실로 하나씩 꿰어 관의 몸통을 장식했고. 금관 외에도 금관을 장식하는 금관 드리개, 금으로 만든 귀걸이, 칼 등도 발굴되었지.
　금관총은 무덤 주인의 이름이 밝혀진 고분이야. 그런데 왜 '릉'이라고 이름 붙이지 않고 '총'이라고 했을까? 금관총에서 나온 고리자루 큰 칼의 칼집에 '이사지왕'이라고 쓰여 있었다고 해. 그런데 우리나라 역사 기록에는 이사지왕이라는 이름이 나오지 않아. 그야말로 미스터리한 일이지 뭐야.

학교에서는 언제 배워?

초등학교 《사회》 4학년 1학기 2단원 〈우리 지역의 국가유산〉에서 우리 지역의 유적지를 체험하기 전에 미리 계획을 세워 보는 시간을 가져. 체험하고 싶은 내용을 정리하고, 체험 방법도 정하지. 그리고 5학년 2학기 1단원 〈옛사람들의 삶과 문화〉에서 삼국의 문화 차이를 알 수 있어. 신라의 국가유산에 대해서 배우게 되거든.

그건 왜 그래?

1. 경주에서 가장 큰 신라의 고분으로 부부가 함께 묻힌 곳은?

2. 우리나라에서 신라의 금관이 가장 먼저 나온 고분은 어디일까?

3. 금관총 주인의 이름은 무엇일까?

정답 1. 황남대총 2. 금관총 3. 이사지왕

활동하기 〉 **나만의 금관 만들기**

우리나라에서 발견된 신라의 금관은 모두 경주의 고분에서 나왔어. 신라의 지배층을 상징하는 금관을 멋지게 꾸며 보자.

경주로on

1 경주로on 앱을 깔면 유적지에 대한 설명과 함께 AR 도슨트 프로그램을 이용할 수 있어.

2 대릉원 일대는 엄청 넓은 데다 푸르른 풀밭과 나무, 그리고 연못이 있어서 산책을 하기에 참 좋아.

3 황남대총 앞에 있는 목련나무는 사진 찍기 좋은 장소야. 노을이 지는 저녁과 조명이 켜지는 밤에도 아름다운 사진을 찍을 수 있으니까 놓치지 마.

목련나무 뒤에 황남대총에는 부부가 나란히 잠들어 있겠지?

대릉원

 함께 보아요

원성왕릉

신라 왕릉은 서라벌, 즉 경주 시내와 그 근처 안강읍에 있는데, 원성왕릉만 유일하게 외동읍에 있어. 원성왕은 신라 제38대 왕으로, 독서삼품과를 두고서 인재를 고루 등용하는 데 힘썼지. 독서삼품과는 귀족의 자제에 한해 성적을 상·중·하로 나누어 심사한 뒤 관리로 뽑는 제도야.

ⓒ 경주시청

 함께 보아요

고령 지산동 고분군

우리나라에 대릉원 지역 말고도 유네스코에 등재된 고분군이 또 있어. 경상북도 고령의 지산동 고분군이야. 고대 가야 지역의 지배층에 대해서 알 수 있는 고분들이지. 가야와 신라는 관련이 높은 나라이기도 했어. 가을에는 '고령 국가유산 야행'이라는 행사도 하니까 시간 맞추어 가 보는 것도 좋겠지?.

ⓒ 고령군청

대릉원

- 주소 : 경북 경주시 황남동 31-1
- 관람 시간 : 정문 9:00 ~ 22:00(입장 마감 21:30), 후문 9:00~21:30, 연중 무휴
- 입장료 : 무료
- 대중교통 : 경주 시외버스터미널 정거장에서 60, 61번 버스 승차, 천마총 정거장에서 하차
- 주차 : 대릉원 공영 주차장, 천마총 노상 주차장, 반월성 주차장 등 이용(유료)

신라 역사에서 가장 많이 영토를 넓혔던 왕이 누구게? 맞아, 바로 진흥왕이야. 신라는 삼국 중에서 가장 느리게 발전했어. 하지만 진흥왕은 그런 상황 속에서도 한강을 차지하고 남쪽으로는 대가야 지역, 북쪽으로는 함흥 지방까지 영토를 넓혔지. 그래서 이 시기를 신라의 전성기라고 불러. 그럼, 다 같이 그 시대로 휘리릭 날아가 볼까?

네 번째 도장
황룡사지, 그리고 동궁과 월지

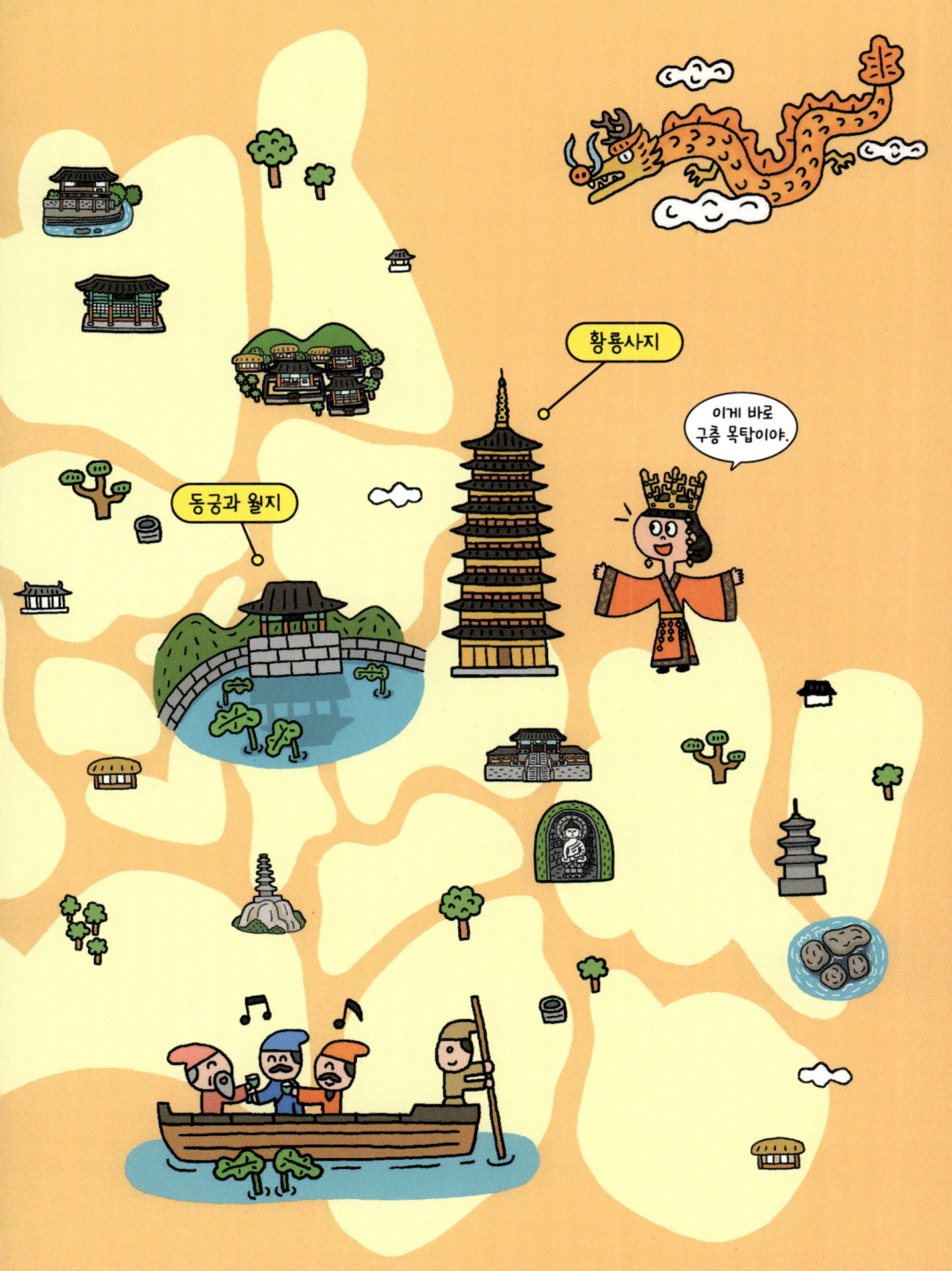

진흥왕은 신라의 24대 왕이야. 신라 역사에서 최초로 한강을 차지했지. 삼국 시대의 역사에서는 한강을 차지했을 때를 전성기라고 불러. 왜냐고? 한강을 차지하는 게 매우매우 중요했거든.

　한강 주변의 땅이 넓은 데다, 영양분이 풍부하고, 물 공급이 편리해서 농사짓기에 안성맞춤이었어. 그리고 또 하나, 한강을 따라 바다로 나가서 중국과 교역하기가 좋다는 장점도 있었지. 그러니 나라를 발전시키기 위해서는 한강을 차지하는 게 중요할 수밖에.

진흥왕은 한반도 남부에 있던 가야 지역을 전부 정복했어. 그 후 동해안을 따라서 북쪽으로 진출해 함흥 지방까지 영토를 넓혔지. 그리고 곳곳에 '순수비'를 설치했는데…….

음, '순수비'가 뭐냐고? '순수'는 왕이 직접 자신의 영토를 돌아다니면서 하늘과 땅, 그리고 산에 제사를 지내고, 각 지방의 백성들 살피는 것을 말해. 이걸 찬

서울 북한산 신라 진흥왕 순수비

양하기 위해 만든 비석이 바로 '순수비'야. 지금까지 진흥왕의 순수비는 네 기가 발견되었어.

불교를 통해 나라를 강하게 만들다

진흥왕은 지증왕과 법흥왕에 이어 왕의 자리에 올랐어. 지증왕은 나라 이름을 '신라'로 정했고, 법흥왕은 불교를 국가의 종교로 삼았지. 두 왕 모두 왕권을 강화하고 정치를 안정시켰어.

이때는 왕을 중심으로 힘을 집중시켜 나라를 발전시켰지. 진흥왕도 불교를 활용하여 왕권을 강화하고자 했고. 잠깐, 여기서 퀴즈! 신라 시대 불교의 특징을 한 단어로 말하면 무엇일까?

맞아, 바로 '호국 불교'야. 보호하고 지키다는 의미의 호(護), 나라를 뜻

하는 국(國)으로, 불교가 나라를 지키고 보호한다는 뜻이지.

진흥왕은 불교를 더 널리 퍼뜨리고자 했어. 그래서 신라 최초의 사찰인 흥륜사를 완공했고, 엄청나게 큰 사찰인 황룡사도 지었지. 이렇게 사찰을 짓고 불교 예술품들도 만들어 왕의 권위를 보여 주면서, 불교를 통해 국가를 통치하는 정당성도 얻게 된 거야.

신라 최대의 사찰, 황룡사

동궁과 월지에서 십 분만 걸어가면 너른 공터에 계절별로 아름다운 꽃밭을 만들어 둔 곳이 있어. 바로 황룡사 터야. 아쉽게도 지금은 황룡사 역사 문화관 건물 빼고는 황룡사가 있었던 건물의 흔적만 남아 있어. 하지만 황룡사 터만 보더라도 그 크기가 얼마나 컸는지 상상해 볼 수 있지.

그런데 진흥왕은 왜 이렇게 큰 절을 지었을까?

진흥왕은 원래 궁궐 동쪽에 또 다른 궁궐을 지으려 했대. 그런데 그곳에서 황룡이 나타났다지 뭐야? 그래서 궁궐 대신 사찰로 고쳐 지었다나 봐.

국가적 행사를 진행하고, 국가를 위해 기도하는 곳이었지. 동서 288미터에다 남북 281미터로, 담장 둘레가 자그마치 100미터 달리기를 열두 번 해

황룡사지 전경

야 하는 크기래. 총 크기가 축구장 약 11개 크기 정도 된다나?
  그 후 선덕 여왕 때 웅장한 황룡사 구층 목탑이 세워졌고, 경덕왕 때는 황룡사 종이 만들어졌어. 황룡사 구층 목탑은 약 80미터 높이였고, 황룡사 종은 성덕 대왕 신종보다 네 배는 컸다고 해.
  아쉽게도 황룡사는 몽골 군대가 고려를 쳐들어왔을 때 불타 버렸어. 그래서 지금은 터만 남아 있는 거야. 황룡사는 아직도 발굴을 진행하고 있어. 그래서 실제 모습이 어떨지는 계속 연구 중에 있지. 아, 참! 신라

신라 왕궁 영상관 속 황룡사 디오라마

왕궁 영상관에 가면 황룡사 모습을 재현한 영상을 볼 수 있어.

아소카 왕의 선물? 장륙상의 전설

황룡사에는 금동 불상인 '장륙상'이 있었어. '장륙'은 부처님의 키를 말해. 기록에 따르면 황룡사 불상의 키가 1장 6척(약 4.8미터)이라고 해. 어마어마하게 크지? 《삼국유사》에 장륙상이 만들어진 전설이 기록되어 있지.

진흥왕이 황룡사를 만들고 얼마 지나지 않아서, 울산 바다 남쪽에 큰 배 한 척이 도착했다고 해. 배 안에는 구리 5만 7,000근, 황금 3만 푼과 삼존상을 그린 그림이 있었다고…….

인도의 아소카 왕이 불상을 만들려고 세 번이나 시도했는데 계속 실

황룡사지 장륙상 석조 대좌

패를 했다나 봐. 그래서 누군가 만들어 주길 바라며 불상의 재료를 배에 실어 보낸 거지. 신라는 이 재료들로 본존상 하나, 보살상 두 기로 총 세 기의 불상을 만들었어.

불상을 만드는 데 들어간 구리를 대략 환산하면 8톤 정도이고, 금은 900돈 정도 한다고 해. 키는 약 아파트 2층 높이 정도 되고. 황룡사지에 남아 있는 대좌(불상을 모셔 둔 받침대)의 크기만 봐도 장륙상이 얼마나 큰지 가늠해 볼 수 있을 거야.

황룡사 역사 문화관에 가면 황룡사지에서 출토된 나발(부처님의 머리카락이 소라처럼 말려 있는 형태로 부처님의 지혜와 깨달음을 의미해.)의 크기로 계산해서 만든 장륙상의 머리 부분이 전시되어 있어.

황룡사지 장륙상 머리카락 청동 나발

황룡사지 장륙상 머리 모형

● **신라의 평화를 가져오는 탑, 구층 목탑**

황룡사의 구층 목탑은 선덕 여왕 때 만들어졌어. 그 무렵 신라는 고구려와 백제의 공격을 받고 있었는데, 마침 당나라로 유학을 가 있던 승려

아소카 왕의 선물, 장륙상 이야기

황룡사 구층 목탑터

황룡사 구층 목탑 심초석

이 아래에 있는 돌이 심초석이야.

'자장'이 나라를 위기에서 구할 방법을 가지고 돌아왔지.

  자장이 당나라에 있을 때 신령한 존재가 나타나 이렇게 말했대. 신라로 돌아가 황룡사에 구층 탑을 세우라고 말이야. 황룡사 구층 탑은 일층부터 일본, 중화, 오월, 탁라, 응유, 말갈, 단국, 여적, 예맥 등 아홉 개 나라를 상징해.

  신령한 존재는 각각의 나라를 뜻하는 아홉 개 층의 탑을 세우면 신라 주변의 이 나라들이 신하가 되어 평화를 얻게 된다고 했다나.

  탑의 기둥이 세워진 자리에 가 보면 구층 목탑이 얼마나 큰지 알 수 있어. 한 변의 길이가 22.2미터, 높이는 총 80미터 정도였다고 해. 첫 기둥에서 마지막 기둥까지 대략 서른네 걸음 정도 걸어야 하지.

  기둥을 세워 두는 받침돌인 초석은 한 면에 여덟 개가 있어. 이 초석 사이를 하나의 칸으로 세는데, 구층 목탑은 일곱 칸으로 되어 있어. 초석들 가운데 돌 하나가 세워져 있는 게 보이지? 그 돌 밑에 깔려 있는 돌이 바로 심초석이야. 건물 중심에서 기둥을 지지하는 용도로 놓인 돌이지.

그 당시 신라에는 높은 건물이 없어서 이 목탑이 가장 높았어. 그래서 목탑을 층층이 올라가면서 탁 트인 풍경을 볼 수 있었을 거야.

신라의 화려한 왕실 생활, 동궁과 월지

신라는 통일 이후 국가를 운영하는 데 필요한 제도를 만들고, 국가가 발전할 수 있는 토대를 마련했어. 그래서 불교 예술뿐만 아니라 왕을 비롯한 지배층의 일상생활도 화려하게 유지할 수 있었지.

삼국 통일 후에는 반월성 가까이에 태자가 머무를 수 있는 궁궐인 동궁과 그 주변에 연못인 월지를 만들었어. 지금은 그때의 건물이 얼마 남지 않았지만, 아직도 화려한 신라 왕실 생활을 볼 수 있는 힌트들이 가득하지.

지금의 동궁과 월지

● '안압지'라고 부르다니…

월지는 예전에 '안압지'라고 불렸어. 조선 시대에는 이곳이 관리가 안 되어 갈대가 많이 자라고, 그 사이를 기러기나 오리들이 터를 잡고 살고 있었거든. 그래서 기러기(雁)와 오리(鴨)를 뜻하는 안압지라 부른 거야. 나중에 발굴을 통해 '월지'라는 신라 시대 때의 이름을 되찾은 거지.

혹시 문무왕 알아? 문무왕은 삼국 통일을 이루어 낸 왕이야. 신문왕은 그의 아들이고. 문무왕은 통일한 직후 연못을 파서 꽃과 나무를 심고, 반월성이 좁으니 태자(훗날 신문왕으로 즉위해.)가 머무를 수 있는 동궁을 이곳에 지었다고 해. 또, 나라의 큰 경사나 축하할 일이 있으면 월지에서 국가 행사를 했어. 화려한 신라 지배층의 모습을 보여 주는 유물들이 월지 바닥에서 많이 발견되었지.

동궁과 월지에 대한 조사는 일제 강점기에 이루어졌어. 그리고 이때

'임해정'이라는 정자도 만들어졌지. 해방 후 1970년대 경주 지역에 대한 발굴과 연구가 본격적으로 시작되었고, 임해정은 지금의 황성 공원으로 옮겨졌다고 해.

● **신선이 노니는 곳, 월지**

신라 사람들은 월지를 신선이 노닐 만큼 아름답게 만들고 싶었던가 봐. 연못 안에 섬을 세 개나 만들었는데, 신선이 산다는 뜻으로 이름을 영주도와 방장도, 봉래도라고 지었어. 셋을 합쳐 '삼신도'라고 불러. 동쪽 연못 주변에는 신선들이 머무는 열두 개의 봉우리를 만들었고.

연못을 둘러보면 남쪽과 서쪽은 직선과 직각으로 만들고, 동쪽과 북쪽은 곡선으로 만들었어. 또 남서쪽이 높아 건물 안에서 바라보면 바다를 보는 느낌이 들게 했다나. 정말 독특하지?

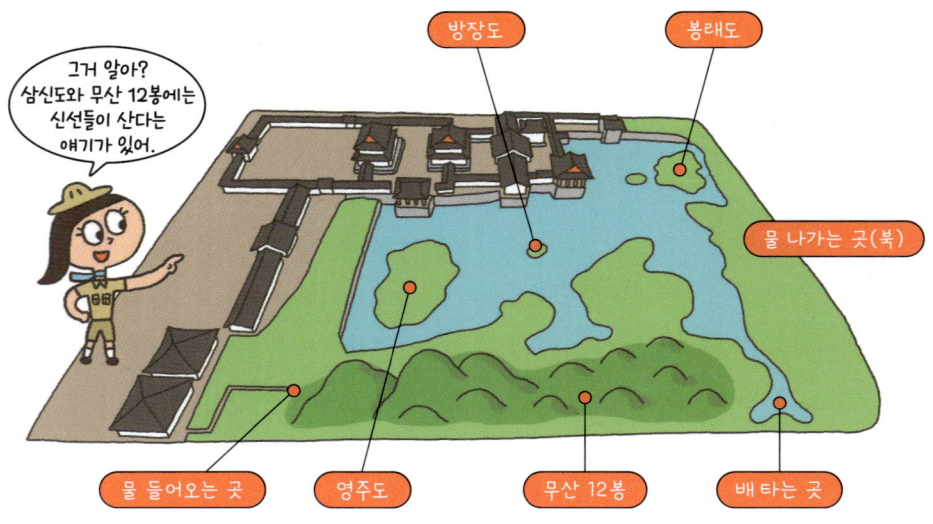

동궁의 건물 중 하나를 '임해전'이라고 하는데, '바다를 바라보는 집'이라는 뜻이야. 바다를 바라볼 수 있는 곳이라서 그런 이름이 붙은 거지. 배 타는 곳도 있는 데다, 실제로 배가 발견되기도 했어. 배는 일고여덟 명이 함께 탈 수 있는 크기야.

월지관에 전시된 배

배를 타고 바라보는 월지의 모습은 어떨까? 직선과 곡선을 적절히 배치하여 연못을 만들었기 때문에 바라보는 자리에 따라 매번 다른 풍경을 보여 줘.

참, 동궁과 월지에 오면 관람객들이 놓치는 곳이 있어. 어딜까? 바로 동남쪽 귀퉁이에서 월지로 물이 흘러 들어오는 곳(입수구)이야. 꼭! 확인해 보도록 해. 자연 돌이랑 조각한 돌을 이용하여 작은 연못을 만들어 두었거든. 연못의 높이 차이를 이용해 낙엽이랑 흙을 걸러 내고 깨끗한 물이 흘러 들어가게 했다나 봐.

월지는 물 높이도 조절할 수 있는데, 물이 빠져나가는 곳(출수구)에 세로로 구멍을 만들어 물마개를 이용해 높이를 조절했어. 나라의 행사를

월지의 입수구

치르는 중요한 곳이다 보니 물 관리에 특별히 신경을 많이 썼나 봐.

궁궐에서 주사위 놀이를?

동궁과 월지에서 다양한 유물들이 발견되었어. 최근에는 금으로 된 장식물인 화조도가 발견되었다지? 작은 지우개 정도의 크기로 황금을 머리카락 반 정도의 두께로 아주 얇게 펴서 가운데에는 꽃을, 좌우에는 암수 새 두 마리를 새겼어. 정말로 섬세하고 화려하지 않아?

놀이를 위한 도구도 발견되었는

동궁과 월지에서 나온 화조도

데, 주사위라고 불리는 주령구야. 14면으로 되어 있어서, 주사위를 굴려 나오는 면에 쓰여 있는 벌칙을 수행하면 돼.

주령구

어떤 벌칙이 적혀 있나 볼까? 노래 없이 춤추기, 얼굴 간지럽혀도 꾹 참기, 시 읊기 같은 것들이 쓰여 있어. 신라 사람들도 재미있는 놀이를 좋아했나 봐.

그때는 종이가 귀해서 나무에 기록했는데, 그 나무를 목간이라고 불러. 당시 공무원의 근무 상황을 표시하는 목간이나 장독에 어떤 음식을 언제 만들어 보관하는지를 적은 목간도 발견되었어.

동궁과 월지에서 발견된 유물들은 국립 경주 박물관의 월지관에 전시되어 있으니까 꼭 들러서 살펴봐.

 ## 학교에서는 언제 배워?

초등학교 《사회》 5학년 2학기 1단원 〈옛사람들의 삶과 문화〉에서 신라 시대 진흥왕의 발전과 이후 삼국 통일, 그리고 황룡사를 비롯한 신라의 문화에 대해서 배우게 돼.

 ### 그건 왜 그래?

1. 동궁과 월지는 어느 왕 때 만들었을까?

2. 동궁과 월지에서 발견된 장난감의 이름이 무엇일까?

3. 황룡사 구층 목탑은 어느 왕 때 완성되었을까?

정답: 1. 문무왕 2. 주사위 3. 선덕 여왕

| 활동 하기 | **주령구 만들기** |

주령구를 만들어 볼까? 종이를 접기 전에 각 칸에 친구랑 함께하면 좋을 만한 활동을 적어 보자.

1 동궁과 월지는 야경이 유명해. 일몰 시간 전후부터 주차장이 꽉 찰 거야. 그래서 황룡사 역사 문화관 주차장에 차를 세우고 조금 걷는 것을 추천해. 또, 연휴 기간에는 이 지역 일대가 엄청 붐벼서 택시를 이용하기도 어려워. 천천히 걸어서 다니는 것도 괜찮아.

2 동궁과 월지는 자칫하다가 월지 주변만 둘러보고 나올 수가 있어. 그래서 문화 관광 해설사의 해설을 추천해. 아니면 나만의 국가유산 해설사 앱을 활용해도 돼.

3 동궁과 월지를 둘러볼 때는 휴대폰의 플래시 같은 조명 기구를 꺼야 돼. 많은 사람이 함께 즐기는 공간이니까 배려하는 마음을 가지고 유적을 감상하는 게 좋겠지?

동궁과 월지 야경

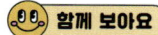 함께 보아요

국립 경주 박물관 월지관

동궁과 월지는 지금도 발굴 작업이 계속되고 있어. 월지 바닥은 진흙으로 돼 있어서 그 안에 묻힌 유물들이 썩지 않은 경우가 많아. 동궁과 월지에서 발견된 유물들을 국립 경주 박물관 월지관에 모아 두었으니까 꼭 방문해 보자.

 함께 보아요

진흥왕릉

경주 시내에서 서쪽으로 가면 서악동 고분군이 있어. 이 가운데 언덕 가장 위쪽에 있는 것이 진흥왕릉이야. 진흥왕의 업적에 비해서 왕릉이 좀 작아. 그래서 이곳이 진짜 진흥왕의 무덤이 맞는지 의구심을 품는 사람도 있어.

황룡사 역사 문화관

- 주소 : 경북 경주시 임해로 64-19 황룡사 역사 문화관
- 관람 시간 : 평일 9:00 ~ 18:00
  주말 9:00 ~ 19:00(11~3월 9:00 ~ 18:00), 1월 1일, 설날·추석 당일 휴관
- 대중교통 : 경주 시외버스터미널 정거장에서 100, 100-1번 버스 승차,
  경고 사거리 정거장에서 하차 후 도보 530m 이동
- 주차 가능 : 무료

동궁과 월지

- 주소 : 경북 경주시 원화로 102 안압지
- 관람 시간 : 평일 9:00 ~ 22:00(입장 마감 21:30), 연중 무휴
- 입장료 : 어른 3,000원, 군인·청소년 2,000원, 어린이 1,000원
- 대중교통 : 경주 시외버스터미널 정거장에서 600, 700, 11번 버스 승차,
  동궁과 월지 정거장에서 하차
- 주차 가능 : 무료

혹시 그거 아니? 우리나라에도 여왕이 나라를 다스리던 때가 있었다는 사실 말이야. 신라 시대에는 선덕 여왕, 진덕 여왕, 진성 여왕으로 총 세 명의 여왕이 있었어. 이 중 선덕 여왕은 우리 역사상 최초의 여왕이야. 이때는 여성이 왕의 자리에 오르는 것에 반대하는 사람들이 많았어. 사람들의 걱정과는 달리, 선덕 여왕은 왕이 되어서 삼국 통일의 기반을 다졌지. 정말로 대단하지 않아?

다섯 번째 도장
첨성대, 계림과 월성

선덕 여왕은 신라에서 스물일곱 번째로 왕위에 올랐어. 아버지 진평왕과 어머니 마야 부인 사이에서 세 딸 중 첫째로 태어났지. 진평왕에게는 아들이 없어서 첫째 딸이 왕위를 이어받게 된 거야.

진평왕이 긴 시간 동안 왕자를 간절히 기다렸던 걸까? 아니면 오래오래 살았던 걸까? 선덕 여왕은 거의 쉰 살이 되어서야 왕위에 올랐다고 해.

신라의 첫 번째 여왕, 선덕 여왕

그 시절에 쉰 살은 할머니나 다름없었어. 대부분 일찍 결혼하기도 했고, 또 평균 수명이 지금에 비하면 엄청 짧았거든.

선덕 여왕은 할머니와 같이 너른 마음으로 백성들을 돌보기 위해 많은 노력을 기울였어. 특히 가난한 사람들을 돌보는 데 힘을 쏟았다지? 그래서인지 백성들 사이에서 너그럽고 어진 왕이라는 칭송이 자자했다고 해.

그 외에도 선덕 여왕은 업적이 많아. 앞서 말한 대로, 신라가 삼국을 통일하는 데 기반을 다지는 일을 했지. 백제와 고구려가 힘을 모아 신라를 공격했을 때, 당나라와 외교 협상을 해서 위기를 극복하기도 했거든.

선덕 여왕은 왕권을 강하게 세우고 백성들의 마음을 안정시키기 위해서 불교를 적극 활용했어. 백성들이 자신을 신라를 지키는 부처라고 생각하게 만들었지. 경주의 남산에 가면 선덕 여왕을 닮았다는 불곡 마애 여래 좌상이 있어.

● **선덕 여왕의 선견지명 세 가지**

선덕 여왕에게는 신비한 능력이 있었다고 전해져. 아직 일어나지 않은 일을 무려 세 가지나 미리 알아차렸다고 해.

그중 첫 번째는 선덕 여왕이 왕위에 오른 해에 일어난 일이야. 당나라 황제가 모란꽃 그림과 씨앗을 선물로 보냈는데, 그림 속 꽃을 보고는 이

모란꽃

꽃은 활짝 피어도 향기가 없을 거라고 말했다지? 신하들은 꽃이 피지도 않았는데 그걸 어떻게 알겠느냐고 하면서 속으로 의구심을 품었대.

그래서 어떻게 되었게? 그 씨앗을 땅에다 심고 이듬해에 꽃이 활짝 피었는데……. 세상에, 정말로 향기가 전혀 없었다지 뭐야? 신하들이 깜짝 놀라서 어떻게 알았느냐고 물었더니, 선덕 여왕은 담담한 얼굴로 이렇게 말했다지?

"꽃 그림에 나비가 없으니, 향기가 없다는 뜻 아니겠느냐?"

실제로 모란꽃 중에는 향기가 없는 종류가 있다고 해.

두 번째 이야기도 궁금하지? 들려줄게, 기다려 봐!

어느 날, 선덕 여왕은 '영묘사'라는 절의 연못 옥문지에서 개구리가 우는 것을 보고는, 다짜고짜 알천이라는 신하에게 군사를 내주며 철통 방어를 하라고 지시했대. 글쎄, 나중에 알고 보니까 경주 서쪽의 산 아래 계곡에 백제 병사들이 몰래 숨어 있었던 거야. 그래서 위기를 잘 넘길 수 있었다지.

경주 남산 불곡 마애 여래 좌상

선덕 여왕릉

마지막 이야기도 만만치 않게 놀라워. 선덕 여왕은 자신이 죽을 것을 미리 알고 신하들을 불러 모아서 이렇게 말했다고 해. 자신이 죽거든 도리천에 묻어 달라고…….

도리천이 뭐냐고? 음, 불교에서 말하는 이상 세계이자 신성한 곳이야. 신하들이 도리천이 어디 있느냐고 물었더니, 남산의 남쪽에 있는 봉우리라고 했다나 봐.

불경에 이런 말이 적혀 있다고 해.

"사천왕천(사천왕사를 가리켜.) 위에 도리천이 있다."

놀랍게도 그로부터 삼십이 년이 지난 후, 사천왕사라는 절을 지었어. 결국 선덕 여왕의 무덤이 도리천이 된 셈이야.

진짜 신기하지? 선덕 여왕은 어떻게 미래를 그리 잘 알았던 걸까? 완전 존경심 뿜뿜이지 않니?

아시아에서 가장 오래된 관측대, 첨성대

여기서 질문 하나! 선덕 여왕 때 만들었다고 전해지는 건축물 중에서 가장 유명한 게 뭐게? 딩동댕! 맞아, 첨성대야. 아직도 많은 전문가들이 첨성대의 용도에 대해서 연구를 하고 있어. 건물의 이름 그대로 하늘을 관측하는 시설이라고 하는 사람도 있고, 하늘을 보기엔 높이가 낮기 때문에 제사를 지내는 제단이라고 하는 사람도 있지.

● 별들에게 물어봐!!!

'첨성대'는 볼 첨(瞻), 별 성(星), 대 대(臺)를 써서, '별을 쳐다보기 위해 쌓은 단'이라는 뜻을 갖고 있어. 높이는 9미터 정도로 건물 삼층 높이와

첨성대

비슷해. 밑에서부터 사각형 2단 기단, 원형으로 27단, 그 위에 우물을 뜻하는 한자 정(井) 자 모양이 2단으로 구성되어 있어. 참, 이 모든 숫자들에 의미가 있다는 거 알아?

중간의 창을 기준으로 아래에 12단은 열두 달, 그 위의 12단을 합하면 24절기야. 절기는 태양의 움직임에 따라 일 년을 24개로 나눈 것으로, 농사를 지을 때 매우 중요한 계절의 변화를 알기 위해 만든 거야. 24단에다 창이 있는 3단을 더하면 27단이 되는데, 이건 신라 27대 왕인 선덕여왕을 의미하지. 달의 공전 주기인 27일과도 일치하고.

이참에 다 같이 수학 좀 해 볼까? 27단에 정자석 2단을 더하면 얼마야? 정답! 29야. 음력으로 하면 한 달이 29일이 되지. 여기에 기단 2단을 더하면? 그래, 맞아. 31! 31일은 양력으로 한 달이잖아.

이 모든 돌을 다 합친 개수는? 머리를 조금만 굴려 봐. 다음 차례는 뭐겠어? 그렇지, 365! 일 년을 이루는 365일을 뜻하지. 돌은 어떻게 세느냐에 따라 개수가 조금씩 달라지기도 한대. 그러니까 누가 더 똑바로 세었네 어쩌네 하면서 친구랑 괜히 말다툼하지 마.

첨성대 창문을 등지고 서서 나침판의 방향을 한번 확인해 봐. 정확하게 남쪽을 바라보지 않고 동쪽으로 살짝 기울어져 있어. 왜 그랬을까? 신라 사람들이 방위를 몰랐나? 그럴 리가!

남쪽 정자석 모서리를 동짓날 해가 뜨는 방향과 일치하게 만들려고 그런 거야. 동지가 언제인지는 알지? 일 년 중 해의 길이가 가장 짧은 날이야. 지금도 동짓날은 똑같아. 왜, 그날 팥죽 먹잖아.

동짓날이 지나면 해가 점점 길어지게 되는데, 사람들은 그걸 새로운 시작이라고 여겼대. 그러고 보니 첨성대에 재미난 이야기가 참 많이 스며 있지?

첨성대는 정말로 별을 관찰한 곳이었는지 의견이 분분하지만, 많은 사람들은 천문대로 생각하고 있어. 첨성대를 만들 당시에는 그 주변에서 가장 높은 건축물이었기 때문에 별을 관찰할 때 시야를 가릴 만한 것이 없기도 했고.

또 신라에 대한 기록을 살펴보면 첨성대가 만들어진 뒤 달이나 별을 관찰하고 작성한 기록이 이전에 비해 네 배가량 늘어났다고 해. 첨성대에서 북두칠성을 기준으로 별의 움직임

이나 일식(달이 태양을 가리는 현상)을 관측한 걸로 보여. 아시아에서 가장 오래된 관측대라지?

신라의 중심 궁궐, 월성

고구려와 백제와 달리, 신라는 수도를 옮기지 않고 계속 경주를 수도로 삼았어. 그 중심이 되는 궁궐이 바로 월성이야. 반달(半月) 모양으로 흙과 돌로 성(城)을 쌓아서 '반월성'이라고도 불러.

경주는 아주 넓고 평평한 땅이야. 동쪽에는 명활산, 남쪽에는 남산, 서쪽에는 선도산, 북쪽에는 소금강산이 둘러싸고 있지. 경주에서는 월성이 경주에서 가장 높은 곳이어서, 그 위로 올라가면 시내를 한눈에 볼 수 있어.

월성을 지키기 위해 성 북쪽에다 해자(성을 지키기 위해 땅을 파서 물을 채워 둔 거야.)를 만들어 두었지. 지금 있는 해자는 발굴을 거쳐 복원된 거야. 조명을 설치해서 밤에도 아름다운 모습을 뽐내고 있어. 월성 발굴

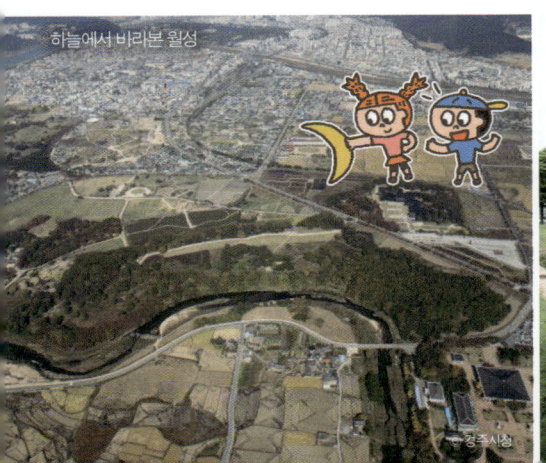
하늘에서 바라본 월성

월성 해자

은 아직 한창 진행 중이야.

● **월성을 석탈해가 찜했다고?!**

월성에는 신라의 네 번째 왕 석탈해와 관련된 이야기가 전해지고 있어. 석탈해가 토함산에서 경주 평야를 바라보는데, 반달 모양의 터가 무지무지 좋아 보였대. 그런데 이미 그곳에는 신라의 재상인 호공의 집이 있었다나?

석탈해는 꾀를 내어 숫돌과 쇠붙이, 숯을 호공의 집 주변에 몰래 묻어 두었다나 봐. 그러고는 자기 땅이라고 우겼다는 거 있지? 결국 호공이 증거를 내놓으라고 하자, 석탈해는 미리 묻어 둔 숫돌과 쇠붙이, 숯을 꺼내 호공의 집을 갖게 되었다는 얘기야.

지금 같으면 어림도 없을 것 같지만, 이를 눈여겨본 남해왕은 석탈해

가 마음에 든 나머지 사위로 삼았다고 해. 그 후 석탈해는 신라의 왕이 되었어. 이때부터 월성이 왕궁 터가 된 거야. 그다음 왕인 파사왕 때 성을 쌓았다지?

'재성'이라 적힌 수막새

● 오, 월성에서 유물이 와르르~

월성에서 매우 다양한 유물들이 발굴되었어. 토우, 식물의 씨앗, 제사용 물품, 기와, 동물……. 심지어 사람의 뼈까지 나왔다지 뭐야. 왕궁 터였으니까 얼마나 다양한 물건들이 있었겠어?

국립 경주 박물관에서 토우에 대해 말했던 것 기억나? 월성에서도 토우가 발견되었거든. 그런데 토우가 쓴 모자가 진짜 특이해. 중앙아시아 남성들이 주로 쓰는 터번 모양이야. 신라에 이슬람 상인들이 많이 왔다는 얘기가 있는데, 아마도 그들을 보고 만든 것 같아.

사람의 뼈는 월성 서쪽 성벽에서 발견되었어. 이곳이 무덤이었냐고? 아니야, 옛날에는 건물이 무너지지 않기를 바라는 마음으로 하늘에 제물을 바치곤 했어. 이곳에서 발견된 사람 뼈는 아마도 하늘에 바치는 제물이었을 것으로 짐작해. 그래서일까? 삼국 중에서 신라의 성벽이 가장 높고 튼튼했다고 말하는 사람도 있어.

터번 쓴 토우

조선 시대에 만들어진 냉장고, 석빙고

옛날에도 냉장고가 있었어. 물론 지금처럼 전기로 작동하는 냉장고는 아니지만……. 월성에 가면 조선 영조 때 다시 만든 얼음 창고, 즉 석빙고가 있는데, 겨울에 얼음을 잘라서 여름까지 보관했다고 해. 그 긴 시간 동안 얼음이 녹지 않았다니, 그 비법이 뭔지 궁금하지 않니?

겨울에 넣어 둔 얼음이 더운 여름까지 안 녹고 유지된 비결은 과학적 원리를 이용했기 때문이야. 바로 대류 현상이지. 따뜻한 공기는 가벼워서 위로 올라가고, 차가운 공기는 무거워서 아래로 내려가는 것을 말해.

석빙고의 문을 바람이 불어오는 방향으로 만들어서 찬바람이 솔솔 들어오게 했어. 안으로 들어온 찬바람이 더워지면 위로 올라가 환기구를 통해 빠져나가고, 차가운 공기가 지속적으로 들어오게 만들었다지.

또 얼음 위에 볏짚단이나 왕겨를 얹어 두어서 얼음의 온도를 유지할

석빙고

수 있도록 했고.

석빙고 앞에 한번 서 봐. 찬바람이 솔솔~! 여름에도 아주 시원할걸.

김씨의 시조 김알지 탄생지, 계림

반월성 터를 따라 걸어가면, 느티나무가 우거진 작은 숲을 만나게 돼. 바로 '계림'이라는 숲이야. 신라 사람들은 '시림'이라고 불렀다나. 이 숲을 성스럽게 여겼기 때문이래. 음, 왜 그랬을까?

신라는 박씨, 석씨, 김씨가 차례로 돌아가면서 왕의 자리에 올랐다고 말했지? 이 가운데 김씨의 시조인 김알지가 이 숲과 관련되어 있어.

석탈해가 왕의 자리에 있을 때 일인데……. 시림 가운데서 크고 밝은

계림

다섯 번째 도장_첨성대, 계림과 월성

빛이 나더니, 보랏빛 구름이 하늘로부터 땅으로 내려오더래. 그 빛을 따라가 보니 황금 상자가 나뭇가지에 걸려 있었다지? 때맞춰 흰 닭(鷄)이 울고 있었기 때문에 계림이라고 불리게 되었다나 봐.

왕이 직접 상자를 열어 보니, 그 안에 사내아이가 있었대. 아이를 안고 궁으로 돌아와 태자로 삼았다고 해. 황금 상자에서 나와서 금을 뜻하는 '김(金)'을 성으로 하고, 아이를 뜻하는 '알지'라고 부르게 된 거야.

예전부터 신성한 숲이라고 일컬어지던 계림은 오래된 나무가 많아 보호 구역으로 정해졌다고 해. 우리 모두가 자연의 아름다움을 누리기 위해선 다 같이 숲을 보호해야겠지?

학교에서는 언제 배워?

초등학교 《사회》 3학년 1학기 2단원 〈일상에서 만나는 과거〉에서 우리 주변에 있는 오래된 건축물이나 사진, 그림 등으로 알게 된 과거의 모습을 친구들에게 소개하는 시간을 가져. 그리고 5학년 2학기 1단원 〈옛사람들의 삶과 문화〉에서는 신라의 건국과 첨성대를 비롯한 신라의 국가유산에 대해서 공부하게 돼. 통일 신라의 문화를 배우지.

그건 왜 그래?

1. 신라 최초 여왕의 이름은 무엇일까?

2. 신라의 파사왕 때부터 멸망할 때까지 왕궁이었던 곳은?

3. 계림에서 발견된 황금 상자 속 아이의 이름은 무엇일까?

정답 1. 선덕 여왕 2. 월성 3. 김알지

활동
하기

나만의 첨성대 만들기

첨성대에서 별을 보며 빌고 싶은 소원을 적어 보고, 나만의 첨성대로 꾸며 보도록 하자.

1 월성은 발굴지 해설 프로그램 '월성이랑'을 미리 신청하면 발굴 조사 과정과 성과, 출토 유물 이야기를 들을 수 있어. 월성이랑은 일요일 및 공휴일을 제외한 월요일~토요일에 오전 10시부터 오후 5시까지 운영해.

첨성대 앞 핑크뮬리

2 첨성대와 계림, 월성은 계절별로 식물들이 조성되는 곳이야. 해가 질 때부터 밤까지 조명이 잘 설치되어 있어서 날이 맑을 때 산책하기가 참 좋아. 가을에는 행사도 하니까 시간이 되면 한번 찾아가 보는 것도 좋겠지?

ⓒ경주시청

ⓒ경주시청

3 계림 근처에 내물왕릉이 있으니 한번 들러 보는 거 어때? 첨성대를 보고 난 다음에 인왕동 고분군(남서쪽 방향)으로 가는 것도 괜찮아. 계림을 산책한 후에 가 보는 것도 추천해.

내물왕릉

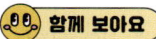 함께 보아요

최부자댁

경주 최씨의 종갓집. 오랫동안 부자로 살면서 주변에 굶어 죽는 이가 없도록 재산을 기부했다고 해. 솟을대문을 지나 안으로 들어가면 손님을 맞이하는 큰 사랑채, 작은 사랑채, 여성들이 머무는 안채, 곳간, 경주 최씨 사당으로 구성되어 있어. 숙박 시설도 운영하고, 아카데미 프로그램도 운영하니까 홈페이지를 참고하도록 해.

 함께 보아요

월정교

신라 시대 왕궁이었던 월성과 건너편의 남산 지역을 이어 주는 역할을 했던 다리야. 경덕왕 때 지었다가 사라진 것을, 조선 시대에 다시 만들었다고 해. 그 후 유실된 것을 2018년에 복원한 거야. 실제로 존재하기는 했지만, 남아 있는 것은 석축과 일부 부재뿐이어서 대부분은 상상에 의존했다고 해. 밤에 가면 조명이 엄청 예뻐.

첨성대(경주 역사 유적 월성 지구)

- 주소 : 경북 경주시 인왕동 839-1
- 관람 시간 : 평일 9:00 ~ 22:00(동절기 21:00), 연중 무휴
- 입장료 : 무료
- 대중교통 : 경주 시외버스터미널 정거장에서 60, 61번 버스 승차, 첨성대 정거장에서 하차
- 주차 : 대릉원 공영 주차장, 천마총 노상 주차장, 반월성 주차장 등 이용 가능(유료)

혹시 문무왕이 누군지 알아? 문무왕은 신라의 서른 번째 왕이야. 삼국 통일이라는 큰 업적을 이루었지. 비록 당나라의 도움을 받기는 했지만 한반도를 하나로 통일했다는 건 엄청난 일이야. 문무왕은 살아서도 죽어서도 신라를 지키기 위해 노력했다고 해. 그럼 이번에는 문무왕의 발자취를 만나러 가 볼까?

세 번째 도장
문무 대왕릉과 감은사지

감포 앞바다에 가면 문무왕의 무덤인 문무 대왕릉을 볼 수 있어. 문무왕의 무덤은 왜 바다에 만들어졌을까? 참, 문무 대왕릉 근처에는 문무왕의 아들 신문왕이 아버지를 기리며 만든 절 감은사가 있어. 문무왕과 신문왕은 신라의 역사에서 많은 업적을 남긴 왕들이지.

삼국 통일의 기틀을 마련하다

백제의 마지막 왕이 누군지 알아? 맞아, 의자왕이야. 의자왕 하면 삼천 궁녀와 함께 말년의 허랑방탕했다는 얘기가 먼저 떠오르지? 그런데 실제로는 신라를 공격해서 많은 땅을 빼앗았다고 해. 백제로서는 유능한 왕이었던 셈이야.

그 당시 신라를 다스리던 선덕 여왕은 위기의식을 바짝 느낀 나머지, 조카인 김춘추를 고구려에 보내서 도와 달라고 부탁했어. 그때 고구려는 당나라의 침략에 맞서느라 여념이 없었는데, 요리조리 핑계를 대면서 신라의 요청을 거절했다지 뭐야.

김춘추는 고민에 빠졌지. 하지만 김춘추가 누구야? 삼국 시대의 외교왕이라 할 만큼 외교에 능수능란한 인물이잖아. 고민에 고민을 거듭한 끝에 당나라로 달려갔어. 당나라도 처음에는 김춘추의 요청을 거절했다지. 하지만 고구려에 된통 당하고 나서는 생각을 바꾸고 신라와 동맹을 맺게 돼. (이걸 '나·당 연합'이라고 해.)

이 일로 외교적 능력을 크게 인정받은 김춘추는 훗날 진골 신분인데

도 불구하고 진덕 여왕의 뒤를 이어서 신라의 왕(태종 무열왕이야.)이 되지. 아, 진골이 뭐냐고? 그 무렵 신라에는 '골품제'라고 하는 신분 제도가 있었어.

혈통(피)에 따라 사람들의 계급을 여덟 가지로 나누는 거야. 왕족은 성골과 진골뿐이고, 그 외에는 여섯 가지 두품으로 나뉘어. 역사 드라마 같은 데서 4두품, 5두품, 6두품……, 하는 말 들어 봤지? 숫자가 클수록 신분이 더 높아.

그때만 해도 성골만 왕위에 오를 수 있었어. 원래대로 하면 김춘추는 진골이어서 왕이 될 수 없었지. 그러니까 김춘추가 왕위에 올랐다는 건 그 당시로선 아주 엄청난 일인 셈이야. 그 후로 진골이 왕위를 쭉 이어 가게 되거든.

● 문무왕이 김춘추의 아들이라고?

무열왕이 삼국 통일의 기반을 다지는 데 큰 역할을 한 사람이 있어. 누구게? 맞혀 봐. 쉽지 않을걸. 바로 김춘추의 아들 문무왕이야. 문무왕은 왕자 시절에 아버지 대신 당나라 군대와 함께 백제로 쳐들어가서 승리를 거두었어. 661년 왕위에 오른 후에는 고구려까지 무찔렀지.

이게 무슨 뜻일까? 백제와 고구려가 나·당 연합군에게 져서 차례로 멸망했다는 뜻이야. 두 나라를 모두 물리쳤을 때 문무왕은 어떤 기분이었을까? 아마도 세상을 다 얻은 것 같았겠지?

그런데 커다란 문제가 생겼어. 신라가 당나라와 손을 맞잡을 때 서로 약속한 게 있었거든. 대동강 남쪽은 신라가 차지하기로……. 그런데 화장실 들어갈 때 마음 다르고 나올 때 마음 다르다는 말 있지? 세상에! 당나라가 신라까지 몽땅 차지하려고 들지 뭐야?

이럴 때는 전쟁을 해서라도 나라를 지켜야지! 가만히 앉아서 나라를 뺏길 순 없잖아. 문무왕과 신라 군대는 당나라 군대에 용감하게 맞서 싸워. 그리하여 676년, 두두둥! 당당하게 당나라를 물리치고 삼국을 통일하게 되지.

● 평화로운 세상을 꿈꾸며

삼국을 통일했다는 기쁨도 잠시, 문무왕은 오랫동안 전쟁을 치르느라 너무 많은 사람이 희생된 것 때문에 깊은 슬픔에 빠지게 돼. 평화로운 세상이 되기를 간절히 바라는 마음으로 전쟁에서 사용했던 무기를 죄다 산에 묻어 버렸어.

그러고는 그 산에 절을 짓고서, 투구 무(鍪), 감출 장(藏)을 써서 '무장사'라고 이름을 지어. 안타깝게도 지금 무장사 절터에는 삼층 석탑 하나와 비석 정도밖에 남아 있지 않아. 그 어디쯤에 문무왕의 백성을 사랑하는 마음이 스며 있으려나? 다 같이 한번 둘러볼까?

무장사 절터

문무왕의 무덤이 바다에 있다고?

경주에서 출발해 산과 바다와 어우러진 우리나라의 자연 풍경을 즐기며 감포로 향해 보자. 감포의 봉길 대왕암 해변에 가면 문무왕의 무덤인 문무 대왕릉을 볼 수 있어. 문무왕의 무덤은 다른 신라의 왕들의 무덤과는 다르게 땅이 아닌 바다에 만들어졌어. 왜 그런 걸까?

● 용이 된 문무왕 이야기

681년 7월 1일(음력)에 왕이 돌아가시자, 신하들은 유언에 따라 동해 입구 큰 바위에서 장례를 치렀지. 그 바위를 대왕암이라고 불러.

그 유언이 뭐냐고? 음, 세상을 떠나기 전에 이렇게 말했다고 해.

"나는 나라에 큰 어려움이 있을 때 왕이 되어 서쪽과 북쪽을 정벌해서 영토를 안정시켰고, …… 내가 죽으면 열흘 후에 화장을 하고, 검소하게 장례를 치르라."

문무 대왕릉

4개의 자연 바위와 그 가운데에 거북 모양의 돌이 놓여 있는 모습이야.

파도가 서쪽에서 들어와 동쪽으로 나가면서 잔잔해진대.

문무왕은 신라와 백성들을 너무나도 사랑한 나머지, 죽음을 앞두고도 걱정을 내려놓지 못했던 모양이야. 《삼국사기》에 적힌 기록을 보면, 문무왕은 자신의 무덤을 만들지 말라고 유언했다나 봐. 그래서 동해 바다에다 장례를 치르게 된 거지.

그 무렵 동해안에는 왜구의 공격이 잦았다고 해. 신라 땅에 들어와 사람들에게 많은 피해를 주었다지? 문무왕이 동해의 용이 되어 나라에 큰일이 날 때마다 도왔다는 이야기가 전하고 있어.

신문왕, 나라의 기틀을 세우다

신문왕은 아버지의 삼국 통일 과정을 모두 지켜봐 왔어. 죽어서도 동해의 용이 되어 나라를 지킨 아버지의 뒤를 이은 후, 신문왕은 과연 어떤 왕이 되고자 했을까?

● 왕권을 강화하기 위해 유교 교육을?

신라는 통일을 위한 전쟁을 하면서 군사를 이끌고 백성들에게 명령을 내릴 수 있는 권한을 왕에게 집중시켜 나갔어. 그러자 김흠돌을 대표로 한 신라의 귀족들이 이에 반대해 왕의 권한을 약화시키려고 반란을 일으켰지.

놀랍게도 김흠돌은 신문왕의 부인인 김씨의 아버지야. 장인을 중심으로 일어난 귀족들의 반란을 진압한 뒤, 신문왕은 국가의 군사 관련 제도

용이 되어 신라를 지키는 문무왕

를 정비하여 왕권을 더욱 강화했지.

　신문왕은 넓어진 영토와 늘어난 인구를 안정적으로 통치하기 위해서 전국을 9개 지역으로 나눈 다음, 남쪽으로 치우친 수도를 보완하기 위해 5개의 작은 수도를 만들었어.

　또 유교 교육을 강화하고 능력 있는 관리를 키우기 위해서 최고 교육 기관인 국학을 세웠지. 지금으로 치면 대학교와 비슷해. 음, 유교에서는 왕을 '하늘에서 내려 준 자'라고 말해. 그만큼 특별한 존재라는 얘기야. 그런 뜻에서 왕권을 키우기 위해 유교 교육을 일부러 더 강조한 거지.

　지금의 경주 향교 자리에 국학이 있었을 거라고 추정하고 있어. 경주 향교는 임진왜란 때 불에 타서 없어졌는데, 조선 시대 때 다시 지어진 거라고 해.

부처님의 힘으로 나라를 지키다, 감은사

　문무왕은 부처님의 힘을 빌려 외적의 침입을 막고자 절을 짓기 시작했어. 하지만 절이 다 지어지기 전에 세상을 떠났지. 그러자 그의 아들 신문왕이 아버지의 은혜에 감사한다는 뜻을 담아 '감은사'라는 절을 완성시켰다고 해. 감은사는 두 개의 탑과 한 개의 금당(부처님을 모신 건물)으로 이루어져 있는데, 이후 사찰 구조에 많은 영향을 주었다지?

　지금의 감은사는 동서 삼층 탑과 건물 터만 남아 있어. 그리고 앞에는 '용연'이라는 연못이 있지. 용연 앞에 계단을 오르면, 두 개의 탑이 나란

감은사지 동서 삼층 석탑

히 서 있는 게 보일 거야. 탑의 크기가 크고 무게감이 느껴지지만 둔해 보이지는 않아.

그 이유가 뭘까? 바로 탑의 비율 때문이야. 위로 올라갈수록 각 층의 가로 비율은 4:3:2로 줄어들지만, 세로 비율은 4:2:2로 줄어들거든.

● **삼층 석탑 속의 사리함은 누구 것일까?**

동삼층 석탑과 서삼층 석탑 모두 자갈로 속이 채워져 있는데, 거기서 사리장엄구가 발견되었어. 사리장엄구는 불교식 화장을 한 뒤에 나온 사리를 담아 두는 함이야.

이렇게 사리를 담은 사리병과 이를 감싸는 사리기, 사리기를 담은 사리외함의 구성을 사리갖춤이라고 해. 서탑에서 나온 것은 국립 경주 박물관에, 동탑에서 나온 것은 국립 중앙 박물관에서 볼 수 있어.

이제 감은사 금당을 살펴볼까? 감은사의 금당은 특이하게 바닥 밑으로 공간이 있어. 뭐가 특이하냐고? 감은사 금당 주변에 회랑(복도) 건물 터랑 비교해 봐. 회랑에는 기둥을 올려 두는 초석 밑에 공간이 없잖아.

동삼층 석탑 사리외함　　동삼층 석탑 사리장엄구　　서삼층 석탑 사리장엄구

바로 땅이지?

　그런데 금당 밑에는 왜 땅을 파서 공간을 만들었을까? 바로 동해의 용이 된 문무왕이 강을 따라 감은사까지 와서 금당에 머무를 수 있게 하기 위해서야. 비록 예전에 지은 건물을 볼 수는 없지만, 그 건물이 없어서 오히려 감은사의 비밀을 알게 된 셈이지.

감은사지 금당 기단

이견대

문무 대왕릉이 내다보이는 곳, 이견대

이견대는 감은사 근처에 있어. 신문왕이 문무 대왕릉을 보는 곳이기도 하고, 만파식적을 얻은 곳이기도 해.

만파식적은 나라를 지키는 피리야. 《삼국유사》에 따르면, 어느 날 산이 물에 떠서 감은사로 오는 신기한 일이 일어났대. 신문왕이 이견대에 있을 때 용이 나타나 그 산에 대나무가 있다고 알려 주었다나 봐.

그 대나무가 낮에는 두 줄기지만 밤에는 한 줄기로 합쳐진다나. 신문왕이 왕궁으로 돌아와 그 대나무로 피리를 만들었는데, 피리를 불기만 하면 적들이 물러나고, 앓던 병이 깨끗이 나았다고 해. 자연재해도 뚝 멈추고. 정말로 신통방통하지 않아?

● 종소리가 울리는 하천, 대종천

혹시 감은사 가는 길에 옆으로 흐르던 하천을 보았니? 신라 시대에는 큰 강이었지만, 지금은 물이 많이 줄어들었어. 이 하천을 클 대(大), 종 종

(鐘), 내 천(川)을 써서 '대종천'이라고 해.

예전에는 동해에 있는 하천이라고 해서 '동해천'이라 불렀다지. 1235년에 몽골이 고려를 침입했을 때, 황룡사에 있던 큰 종을 가져가려고 끌고 나와 이 하천을 지나 바다로 가려 했다나? 그런데 바다를 코앞에 두고 종을 하천에 빠뜨리고 말았다지 뭐야. 그때부터 이 하천에서 종소리가 들리곤 한다지? 그래서 '대종천'이라는 이름이 붙게 된 거야.

1980년과 1997년에 바닷속을 몇 군데 조사했지만 끝내 나오지 않았다지. 그러다 2013년에 한 어민이 바다에서 물고기를 잡다가 종을 봤다고 신고를 해서 다시 탐사가 시작되었어.

기록에 따르면, 황룡사 대종은 무게가 108톤 정도 되는 데다 높이가 3미터가 넘어. 성덕 대왕 신종의 네 배가 넘는 크기라고 하니까 진짜로 어마어마하지? 대종이 어서 빨리 발견되는 그날이 오면 좋겠다. 그치?

학교에서는 언제 배워?

초등학교 《사회》 4학년 1학기 2단원 〈우리 지역의 국가유산〉에서 지역마다 옛날 사람들이 남긴 흔적이 있다는 걸 배우고, 그 흔적을 보존하기 위해 어떤 노력을 기울여야 하는지 공부해. 그리고 5학년 2학기 1단원 〈나라의 등장과 발전〉에서는 신라의 삼국 통일 과정에 대해 배우게 되지.

그건 왜 그래?

1. 삼국 통일의 토대를 닦은 태종 무열왕의 본래 이름은 무엇일까?

2. 태종 무열왕의 아들로, 마침내 삼국 통일을 이루어 낸 왕은?

3. 신문왕이 왕권을 강화하기 위해 만든 교육 기관의 이름은?

하늘 천
땅 지.

정답 1. 김춘추 2. 문무왕 3. 국학

활동하기

나만의 만파식적 그려 보기

신라를 지켜 준 보물 피리인 만파식적처럼, 나를 굳건히 지켜 줄 나만의 보물을 그려 보자.

도장깨기 TIP

1 감은사지에서 이견대에 가기 직전에 우현 고유섭 선생의 비가 세워져 있어. 일제 강점기에 우리나라 미술을 지키고 정리한 분이지. 대왕암에 대한 시도 남겼으니까 시비를 한번 찾아봐.

2 경주에서 감포로 가는 길이 참 아름답다고 해. 지금은 경주에서 감포까지 터널이 이어져 있어서 쉽게 갈 수 있지만, 산속 구불구불한 길에서 만나는 풍경들을 즐기며 감포에 가 보는 것도 꽤 재미있을 것 같지 않니?

3 감은사지는 해 질 녘에 방문해 보는 것을 추천해. 석탑에 조명이 켜지고 산 너머로 내려가는 해의 모습이 진짜진짜 아름답거든.

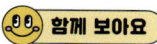 **함께 보아요**

신문왕릉

신문왕의 무덤은 돌을 5단으로 쌓은 뒤, 그 위에 흙을 쌓아서 만든 모양이야. 신문왕릉은 들어가는 입구에서 사진을 찍으면 아주 잘 나와. 사시사철 푸른 대나무가 삼문 주변에 심어져 있으니까 놓치지 않는 게 좋겠지?

 **함께 보아요**

감포 깍지길

감포항을 중심으로 해안가와 마을길을 잇는 길이야. 깍지길 8구간과 4구간이 감포 해국길인데, 곳곳에 해국을 비롯해서 예쁜 벽화가 그려져 있어. 옛날 감성이 고스란히 남아 있는 골목길이야. 여유롭게 산책을 해 보면 좋을 것 같아.

문무 대왕릉

- 주소 : 경북 경주시 문무대왕면 봉길리 30-1
- 대중교통 : 경주 시외버스터미널 정거장에서 150번 버스 승차, 문무왕릉 정거장에서 하차
- 주차 : 경주 문무 대왕릉 주차장, 무료

감은사지

- 주소 : 경북 경주시 문무대왕면 용당리 17
- 대중교통 : 경주 시외버스터미널 정거장에서 150번 버스 승차, 탑마을, 감은사지 정거장에서 하차
- 주차 가능 : 무료

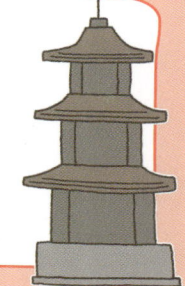

신라는 삼국 중에서 가장 먼저 세워졌어. 하지만 한반도 동남쪽에 자리한 바람에, 문물이 발전한 중국과 직접 교류하기 어려워서 고구려나 백제의 도움을 받아야만 했지. 그래서 신라는 세 나라 중에서 가장 느리게 발전할 수밖에 없었어. 그런데 말이야, 이랬던 신라가 먼 훗날 고구려와 백제를 이기고 삼국을 통일하게 돼. 어떻게 그럴 수 있었을까? 자, 다 같이 그 비밀을 파헤치러 가 볼까?

세 번째 도장
불국사

신라의 종교가 뭔지 아는 사람? 그래그래, 맞아. 불교야. 불교는 신라를 지키고 발전시키는 데 큰 역할을 했어. 백성들의 마음을 하나로 모아 외적이 쳐들어왔을 때도 거뜬히 막아 냈으니까.

부처님의 나라, 신라

신라, 고구려, 백제 이 세 나라에 불교는 중국으로부터 비슷한 시기에 들어왔어. 그중 신라가 불교를 가장 늦게 공식적으로 받아들였지. 신라의 23대 왕인 법흥왕의 신하 이차돈이 불교를 전파하기 위해 목숨을 바치면서 비로소 불교를 공식적으로 받아들이게 되거든.

그 후 신라는 곳곳에 절과 불상, 그리고 탑을 만들었어. 그렇게 신라 사람들의 생활 속에 불교가 슬금슬금 스며들게 되었지. 오죽하면 신라 사람들은 신라를 부처 불(佛), 나라 국(國), 흙 토(土)를 써서 불국토, 즉 부처님이 계신 나라라고 생각했을까?

갑자기 뭔가 머릿속에 탁 떠오르는 거 없니? 불국토, 불국토……. 맞아, 불국사! 경주 하면 첫 번째로 떠오르는 절이잖아.

자, 여기서 퀴즈! 불국사는 어떤 뜻을 지니고 있을까? 앞에 정답이 다

불국사 입구

나와 있잖아. 흠, '이 세상에 세워진 부처님의 나라'라는 뜻이야.

불국사가 지어지게 된 배경에는 여러 가지 이야기가 전해지고 있어. 우선 고려 후기에 쓰인 역사책 《삼국유사》에 따르면, 신라의 35대 왕인 경덕왕 때 귀족인 김대성이 불국사를 지었다고 해.

김대성은 가난한 형편에도 재산을 기부하곤 했대. 그래서인지 얼마 지나지 않아 벼슬 높은 재상의 집에 환생하게 돼. 어느 날 김대성이 곰 한 마리를 사냥했는데, 그 곰이 꿈에 나타나 김대성을 잡아먹겠다고 하지 뭐야? 겁에 질린 김대성이 용서를 구하자, 그 곰이 자신을 위해 절을 세워 달라고 하더래.

그 후 김대성은 그 곰을 위해 장수사라는 절을 세운 뒤, 전생의 부모님을 위해 석굴암을, 현생의 부모님을 위해 불국사를 지었다나? 무지 효자인가 보다. 그치?

신라의 대표적인 국가유산, 불국사

불국사는 산속에 지어져 있어. 지금이야 도로가 나 있으니까 차를 타고 슝슝 달려가면 되지만, 천이백여 년 전인 그 옛날에 왜 힘들게 굳이 산속에다 절을 지은 걸까?

● **자하문을 지나 부처님 품에 안기다**

　사람들은 불국사가 있는 토함산을 신성한 산으로 여겼어. 그래서 아주 옛날부터 그곳에서 제사를 지냈지. 그래서 부처님의 나라를 뜻하는 불국사를 토함산에 지은 게 아닐까?

　불국사는 대웅전과 극락전, 관음전, 비로전 등 크게 네 영역으로 나뉘어 있어. 우선 석가모니불이 있는 대웅전부터 살펴볼까?

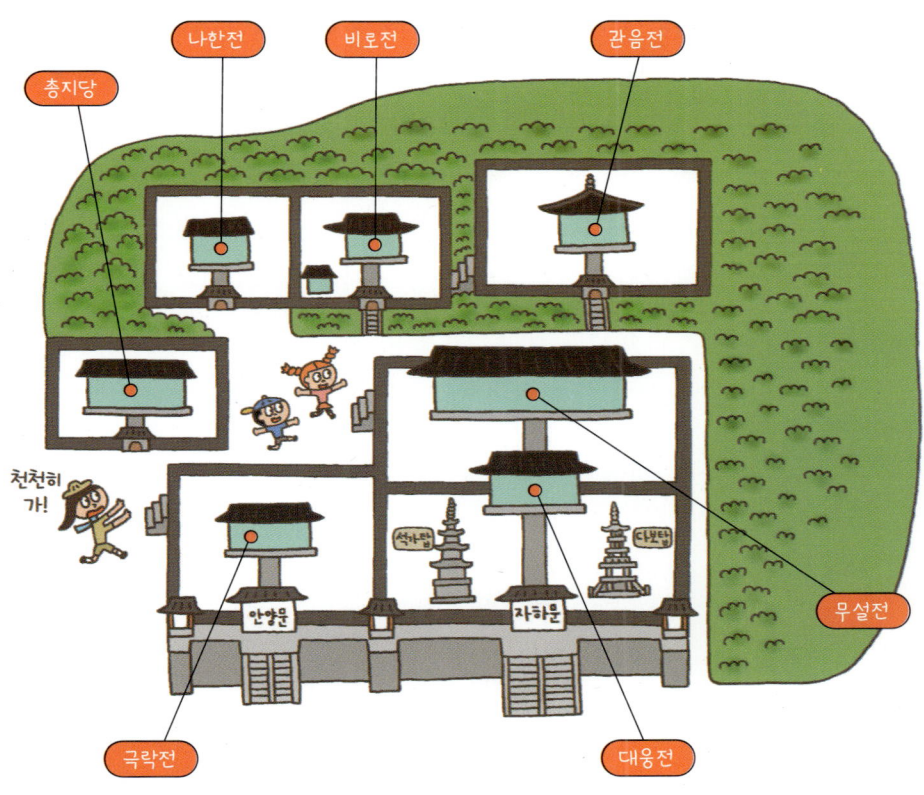

여기로 물이 흐르는 거지.

수구

대웅전으로 가려면 열여덟 개의 계단인 청운교와 열여섯 개의 계단인 백운교를 올라야 해. 그런데 왜 계단이 아니라 다리를 뜻하는 '교'(橋)를 넣어 이름을 지은 걸까?

불국사를 지을 당시에는 토함산에서 물이 흘러 내려왔다고 해. 그래서 청운교와 백운교 옆에 물이 흐를 수 있도록 '수구'를 설치했지. 그래서 청운교 아래에는 '홍예'라는 아치 모양의 진짜 다리가 있어.

지금도 비 오는 날이면 수구에서 물이 흘러내리는 모습을 볼 수 있지. 머릿속으로 그 모습을 한번 상상해 봐. 꼭 다리 위를 건너는 것 같은 기

이 아치 모양의 다리가 바로 홍예야.

청운교와 백운교

©경주시청

분이 들걸?

청운교와 백운교를 다 오르면 자하문이 보일 거야. 자하문은 자줏빛 자(紫), 노을 하(霞), 문 문(門) 자를 써서, 부처님의 상서로운 기운이 노을처럼 번지는 문이란 뜻이야.

그런데 문 이름에 왜 자줏빛이란 말이 들어갔을까? 다 그럴 만한 이유가 있어. 부처님의 몸이 자줏빛으로 빛난다고 여겼기 때문이야. 그러니까 자하문을 지난다는 건 부처님의 품속에 안긴다는 의미가 되지.

석가탑과 다보탑은 꼭 봐야지!

혹시 십 원짜리 동전 본 적 있는 사람? 아마도 거의 없을걸. 요즘은 동전을 쓰는 사람이 별로 없으니까. 지금처럼 신용 카드나 체크 카드를 즐겨 쓰기 전에는 사람들이 현금을 직접 들고 다녔어. 그중 십 원짜리 동전에 불국사에 있는 다보탑이 새겨져 있었다는 거 알아?

대웅전 회랑을 따라 옆으로 난 문으로 들어가면 석가탑과 다보탑을 만날 수 있어. 두 탑이 나란히 서 있는 이유는 뭘까? 석가탑과 다보탑은 각각 석가모니 부처님과 다보 부처님을 상징한다고 해. 경전을 보면 석가모니 부처님이 사람들에게 가르침을 전할 때 다보 부처님이 옆에서 옳다고 증명했다지? 바로 그 내용을 탑으로 표현한 거야.

십 원짜리 동전

● **슬픈 사랑의 이야기가 스민 석가탑**

석가탑은 없을 무(無), 그림자 영(影), 즉 '그림자가 없는 탑'이라는 뜻으로 무영탑이라고도 불러. 왜 이런 이름이 붙었는지 궁금하지? 바로 〈아사달과 아사녀 이야기〉와 관련이 있어.

김대성은 석가탑을 만들기 위해 백제에 살고 있는 유명한 장인 아사달을 불렀어. 아사달은 부인 아사녀를 고향에 남겨 두고 홀로 신라에 와서 탑을 만들었지. 한 해가 가고 두 해가 지나도 남편이 돌아오지 않자, 아사녀는 아사달을 만나기 위해 직접 불국사로 찾아갔어.

탑이 완성되기 전까지는 아사달을 만날 수가 없었지. 별수 없이 아사녀는 매일 불국사 앞에서 아사달을 기다렸다고 해. 이를 안타깝게 여긴 스님이 아사녀에게 이렇게 말했어.

"여기서 얼마 떨어지지 않은 곳에 작은 연못이 있소. 당신이 온 마음을 다해서 부처님께 소원을 빈다면, 탑이 완성된 후 그 그림자가 연못에 보일 것이오. 그러면 남편을 만날 수 있을 거요."

석가탑(불국사 삼층 석탑)

다음 날부터 아사녀는 연못가에 앉아 하루 종일 연못에 탑의 그림자가 비치기만 기다렸어. 하지만 아무리 기다려도 그림자가 보이지 않았지. 남편에 대한 그리움으로 시름이 깊어진 아사녀는 그만 자기도 모르게 연못 속으로 들어가 버렸어.

마침내 탑을 완성한 아사달은 사랑

아사달과 아사녀 이야기

옛날 옛적, 백제의 유명한 장인 아사달은 귀족 김대성의 요청에 아사녀를 두고 신라를 가게 돼.

홀로 백제를 떠난 아사달은 신라에서 열심히 탑을 만들었지. 그렇게 한 해 두 해, 긴 세월이 지난 후—

석가탑을 완성한 아사달은 아사녀가 자신을 보러 왔다는 소식을 듣게 돼.

하지만 아무리 찾아봐도 아사녀는 코빼기도 보이지 않았어.

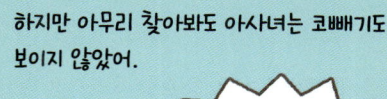

아내를 찾지 못한 아사달은 슬픔에 젖은 채, 아른거리는 아내의 모습을 바위에 새겼지.

근데 바위에 새긴 그 모습이 마치 부처와 겹쳐 보인다고도 해.

하는 아내가 자신을 보러 왔다는 소식을 듣고서 연못으로 곧장 달려갔어. 하지만 아사녀의 모습은 보이지 않았지. 아내를 못내 그리워하며 연못을 떠나지 못하는 아사달을 안타까이 여긴 걸까? 아사달 앞에 아내가 모습을 드러낸 거야.

그제야 아사달은 사랑하는 아사녀의 모습을 바위에 새긴 뒤 고향으로 돌아갔다고 해. 정말로 고향으로 갔는지, 아니면 아사녀의 곁으로 갔는지는 그 누구도 알 수 없지만.

이 둘의 사랑 이야기를 듣고 사람들은 이 연못을 '그림자(影) 연못(地)'이라는 뜻의 '영지'라고 불렀어. 그 후로 그림자가 없는 석가탑을 무영탑이라고 부르기 시작했지.

● 우리나라만의 독창성이 담긴 다보탑

이제 다보탑 쪽으로 슬슬 가 볼까? 앞서 본 석가탑이랑 모양이 많이 다르지? 불교가 시작된 나라인 인도에서는 흔히 흙이나 돌로 벽돌을 만들어서 탑을 쌓는다고 해. 그래서 사람들이 탑 안으로 들어갈 수도 있었다지? 그런 인도의 탑이 중국을 거쳐 우리나라에 들어오면서 그 특징들이 남아 있게 된 거야. 한마디로 이전 탑의 특징을 살리면서도, 계단이나 난간을 독창적으로 표현한 셈이지.

다보탑에는 사방에 계단이 있어. 계단 위쪽에는 난간도 있고. 인도의 탑처럼 실제로 안으로 들어갈 수는 없지만, 돌을 조각해서 그 모습을 최대한 표현하려고 했던 거야.

참, 다보탑의 기단 모서리 쪽을 꼼꼼히 살펴봐. 원래는 네 기단 모서리에 사자가 한 마리씩 바깥을 바라보며 서 있었다고 해.

하지만 지금은 그 가운데 한 마리만 처연하게 남아 있지. 누가 가져갔는지는 알 수 없어. 세월이 많이 흘러서 닳기는 했지만, 발톱을 세우고 포효하며 탑을 지키는 사자의 용맹한 모습을 한번 상상해 보는 것도 재미있겠지?

다보탑

즐거운 일만 바란다면, 극락전

불국사는 '부처님의 나라'라는 이름에 걸맞게 조그만 곳 하나하나까지 불교적 의미를 담아내고 있어. 연화교와 칠보교를 밟고 올라가서 안양문을 지나면, 극락세계로 이끌어 준다는 극락전이 나와. 극락세계가 뭔지는 알지? 간단히 말하면, 천국과 비슷한 거야. 극락전에서는 아미타불을 모시고 있다고 해.

극락세계에는 고통이 전혀 없고 오로지 즐거움만 있다지? 당장이라도 그곳으로 가고 싶다고? 앗, 잠깐만! 한 가지 꼭 기억할 게 있어. 극락세계든 천국이든 다 죽어서 가는 곳이라는 것! 왜, 개똥밭에 굴러도 이승이 좋다는 말 있잖아. 그러니까 곰곰이 잘 생각해 보라고.

혹시 꿈에 돼지가 나오면 복권을 사라는 말 들어 본 적 있어? 그만큼 좋은 꿈이라는 뜻이지. 그래서일까? 극락전에는 황금 돼지가 숨겨져 있

극락전과 석등

어. 아미타 부처님은 극락전에 온 사람들이 황금 돼지를 보면서 즐거움을 얻어 가길 바랐던가 봐.

이참에 우리도 황금 돼지를 한번 찾아볼까? 꽁꽁 숨겨져 있으니까 두 눈 부릅뜨고 잘 찾아봐. 아마도 찾기가 쉽지 않을걸. 뭐, 석등 앞에 돼지 동상이 보인다고?

땡! 그건 복을 빌라고 나중에 일부러 만든 거야. 황금 돼지는…… 바로, 바로, 바로 극락전 현판 뒤에 있어. 이야, 황금 돼지를 봤으니 복권이라도 사러 갈까? 일단 황금 돼지를 보면서 소원 하나씩 빌기!

다 했으면 다시 안양문으로 가서 연화교를 내려다보도록 하자. 연화교 계단 하나하나에 연꽃잎이 새겨져 있는 게 보이니? 극락세계로 올라가는 길을 연꽃으로 아름답게 꾸민 거야. 연꽃을 즈려밟고 한 걸음 한 걸음 올라가면 그야말로 극락세계로 가는 기분이겠다. 그치?

가장 지혜로운 부처님이 계신 곳, 비로전

그럼 이제 비로자나 부처님을 모시고 있는 비로전으로 가 볼까? 비로자나 부처님은 가장 지혜로운 부처님이야. 오른손의 검지를 왼손으로 감싸 쥐고 있는 손 모양(수인)이 보이니? 이 모습은 세상의 모든 진리를 상징하고 있어.

절에 가면 부처님이 너무 많아서 마구마구 헷갈리지? 그럴 땐 부처님의 손 모양을 살펴보면 돼. 다 다른

금동 비로자나불

모양새를 하고 있거든.

　극락전에는 아미타 부처님, 비로전에는 비로자나 부처님이 있는 걸 봤지? 대웅전에는 석가모니 부처님이 있고.

　각각의 부처님들이 서로 다른 역할을 맡아서 사람들을 도와준다고 해. 그러니까 역할을 잘 따져 보고 기도하도록 해. 애먼 데 가서 기도하면 효험이 없을지도 모르잖아.

세계에서 가장 오래된 목판 인쇄물

　불국사의 천왕문을 지나서 오른쪽으로 난 길로 가면 불국사 박물관이 나와. 불국사 박물관은 불국사에서 발굴된 유물이나 문화재들을 볼 수 있는 곳이지. 다만 내부 촬영이 금지된 곳이니 눈으로만 담아 오도록 하자.

　석가탑은 탑 안에 보물이 가득하다는 소문 때문에 여러 번이나 도둑이 들었어. 그러다 1966년에 도둑이 망가뜨린 탑을 수리하기 위해 탑을

불국사 박물관

분해했는데, 그 안에서 사리장엄구를 발견하게 되었지.

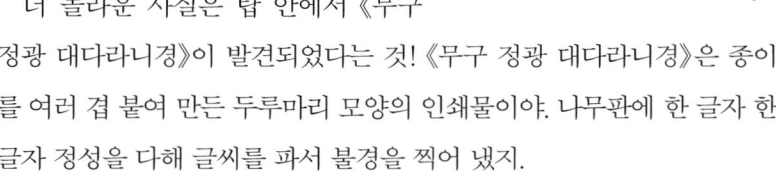

아, 사리장엄구가 뭐냐고? 사리장엄구는 부처님의 사리를 보관하기 위해서 만든 유리병이나 함을 뜻해.

더 놀라운 사실은 탑 안에서 《무구 정광 대다라니경》이 발견되었다는 것! 《무구 정광 대다라니경》은 종이를 여러 겹 붙여 만든 두루마리 모양의 인쇄물이야. 나무판에 한 글자 한 글자 정성을 다해 글씨를 파서 불경을 찍어 냈지.

그리고 지금까지 발견된 목판 인쇄물 중 가장 오래되었다고 추정하고 있어. 경덕왕 때인 751년 이전에 제작했을 거래. 세계에서 가장 오래된 목판 인쇄물이 우리나라 석가탑에서 발견되었다니, 놀랍지 않아?

신라의 불교 공인 이후 삼국에 불교가 널리 확산되면서, 경전을 필요로 하는 사찰과 사람들이 많아졌어. 그래서 우리나라는 경전 제작을 위해 일찍부터 인쇄술이 발전할 수밖에 없었지. 《무구 정광 대다라니경》의 너비는 약 8센티미터이지만, 전체 길이는 620센티미터나 된다고 해.

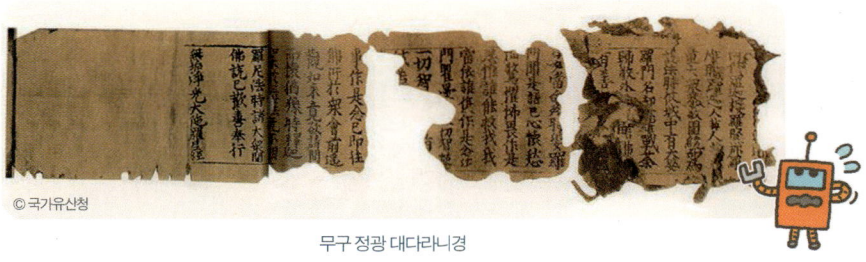

무구 정광 대다라니경

학교에서는 언제 배워?

초등학교 《사회》 4학년 1학기 2단원 〈우리 지역의 국가유산〉에서 답사할 때 주의할 점과 우리 지역의 역사를 정리하고 조사하는 시간을 가져. 건축물에 얽힌 이야기를 나누고. 그리고 5학년 2학기 1단원 〈옛사람들의 삶과 문화〉에서 통일 신라에서 발달한 불교 예술에 대해 배우게 돼.

 그건 왜 그래?

1. 법흥왕 때 신라에 불교를 전파하기 위해 목숨을 바친 인물은 누구일까?

2. 우리나라 십 원짜리 동전에서 볼 수 있는 탑의 이름은?

3. 세계에서 가장 오래된 목판 인쇄물 경전의 이름은 무엇일까?

정답: 1. 이차돈 2. 다보탑 3. 《무구 정광 대다라니경》

활동하기 — 불국사 박물관 입장권 만들기

불국사를 대표하는 건물이나 유물은 뭐라고 생각해? 기억에 남을 만한 나만의 입장권을 만들어 보자.

불국사 박물관
20 . . .

인원 _____ 명

불국사박물관
Bulguksa Temple Museum

대표 건물이나 유물을 그려 보세요.

불국사 박물관
20 . . .

인원 _____ 명

불국사박물관
Bulguksa Temple Museum

대표 건물이나 유물을 그려 보세요.

불국사 박물관
20 . . .

인원 _____ 명

불국사박물관
Bulguksa Temple Museum

대표 건물이나 유물을 그려 보세요.

도장깨기 TIP TIP TIP

1 국립 공원 스마트 탐방 앱이 있는 거 알아? 애플 앱스토어나 구글 플레이에서 '국립 공원 스마트 탐방'을 검색해서 설치해 두면 유용하게 쓸 수 있어. 불국사의 사천왕상과 수구, 석가탑, 다보탑을 증강 현실(AR)로 보여 주거든.

2 절에서는 화장실을 '해우소'라고 불러. '근심을 풀어 주는 곳'이라는 뜻이야. 불국사 한편에는 신라 시대 화장실이 남아 있어. 여기서 그동안 쌓인 스트레스를 풀어내 볼까? 하지만 진짜 화장실처럼 쓰면 안 된다는 거 알지?

3 불국사를 방문할 때는 아침 일찍 출발하면 좋아. 아침 안개가 드리운 불국사의 모습이 무척 멋있거든. 그리고 산속에 있는 절이니만큼 각 계절마다의 자연 경관을 즐길 수 있어

© 경주시청

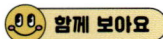 함께 보아요

신라 역사 과학관

신라 시대의 건축물이나 불상, 경전들은 당시의 과학 기술을 통해서 만들어진 거야. 이러한 문화재의 제작 원리나 작동 원리에 대해서 알 수 있는 곳이 바로 신라 역사 과학관이지. 첨성대과 석굴암의 내부 모습을 직접 눈으로 확인할 수 있도록 전시되어 있어. 월요일은 정기 휴무니까 다른 요일에 찾아가.

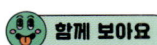 함께 보아요

영주 부석사

통일 신라의 발달한 불교 문화를 살펴볼 수 있는 곳으로는 경상북도 영주에 있는 부석사가 있어. 문무왕 때 왕족 출신인 의상 대사가 만든 절이야. 의상 대사를 사랑했던 선묘 낭자의 영혼이 바위로 변해 의상 대사를 위협하는 나쁜 무리를 물리쳤다나? 그 자리에 부석사를 지은 거라고 해.

불국사

- 주소 : 경북 경주시 불국로 385
- 홈페이지 : http://www.bulguksa.or.kr/
- 관람 시간 : 오전 9시 ~ 오후 6시(오후 6시까지 입장, 오후 7시까지 퇴장), 연중 무휴
- 입장료 : 무료
- 대중 교통 : 경주역과 경주 시외버스터미널 정거장에서 10, 11번 버스
- 주차 : 일주문(정문) 주차장, 불이문(후문) 주차장, 공영 주차장 등

불국사 박물관

- 주소 : 경북 경주시 불국로 385
- 관람 시간 : 3월에서 9월은 오전 9시 ~ 오후 6시(오후 5시 30분까지 입장)
            10월에서 2월은 오전 9시 ~ 오후 5시(오후 4시 30분까지 입장)
- 입장료 : 어른(19세 이상) 2,000원, 어린이·청소년 1,000원
- 휴관일 : 매주 월요일, 1월 1일, 추석(월요일이 공휴일인 경우 화요일 휴관)

신라의 경덕왕 때 귀족 김대성이 현생의 부모님을 위해서 불국사를, 전생의 부모님을 위해서는 석굴암을 지었다는 이야기가 전한다고 했지? 신라의 서른다섯 번째 왕인 경덕왕은 742년부터 765년까지 왕의 자리에 있었어. 이 시기에 불국사, 석굴암, 성덕 대왕 신종 등 뛰어난 국가유산들이 만들어졌지. 그러면 통일 신라의 빼어난 불교문화를 살펴보러 석굴암으로 다 같이 출발~!

열 번째 도장
석굴암

통일 신라는 서른세 번째 왕인 성덕왕 때 최고의 전성기를 맞이해. 정치적으로 안정되어서 나라가 강해지면서 문화의 꽃이 활짝 피어났거든. 하지만 경덕왕이 왕의 자리에 오른 뒤, 신라의 문제점들이 하나둘 나타나기 시작했어.

왕권 강화를 위해 불교를?

경덕왕은 형인 효성왕에게 왕위를 이어받을 후손이 없어서 대신 왕위에 오르게 돼. TV에서 사극을 보면 말이야. 이럴 때 꼭 '정통성' 어쩌고 저쩌고하잖아. 그게 무슨 말이냐고? 왕위를 이어받을 자격이 있냐 없냐를 두고 끼리끼리 모여서 괜히들 입씨름을 하는 거지. 이걸 돌려 말하면, 그만큼 왕의 기반이 약하다는 뜻이야.

이런 경우, 대부분은 왕권을 강화하려고 노력하지. 경덕왕도 그랬어. 신라의 행정 기관과 관리 조직을 다시 정비하는 등 어떻게든 왕의 위엄을 세우고 권력을 탄탄히 다지기 위해 많은 노력을 기울였지. 그런 노력 중의 하나가 바로 불교를 활용하는 거였단 말씀!

그래서 황룡사 종을 비롯해 성덕 대왕 신종, 불국사, 석굴암을 만들도록 명령했지. 백성들이 왕의 명령에 따라 단결해야 만들 수 있는 것들이었거든. 하지만 귀족들이 왕권을 견제하고 비판하면서 걸림돌로 작용했어. 경덕왕의 뒤를 이은 혜공왕부터는 귀족의 힘이 더 강해지면서 왕권이 점점 더 약해지게 돼.

사람 손으로 일일이 캤고 다듬다, 석굴암

석굴암은 경덕왕 10년인 751년에 짓기 시작해서 혜공왕 10년인 774년

석굴암 전경 ⓒ경주시청

석굴암

　에 완성되었어. 약 이십 년이 넘는 시간을 들여서 만든 곳이지. 왜 그렇게 오랜 시간을 들여 그 힘든 작업을 굳이 했던 걸까?

　우선 석굴 사원은 인도에서 먼저 만들어지기 시작했어. 불교가 전파되면서 중국을 거쳐 우리나라에서도 석굴 사원을 만드는 분위기가 생겨났지.

　그런데 석굴암은 자연 암벽에 굴을 파는 방식이 아니라, 사람이 화강암을 깎고 다듬은 다음 쌓아 올려서 만든 인공 석굴이야. 사람의 손으로 만든 석굴의 과학성과 아름다움을 인정받아, 1995년에 불국사와 함께 유네스코 세계 문화유산으로 등재되었어.

　석굴암은 네모 모양의 앞쪽 방인 전실, 둥근 원 모양의 중심 방인 주실, 이를 이어 주는 비도로 만들어져 있어. 입구부터 보면 인도의 여덟 신으로 불교를 지키는 신이 된 팔부신중, 금강역사, 사천왕상, 천부상(제

석과 범천), 보살상, 10인의 제자상, 본존 불상과 그 뒤에 십일면 관세음 보살상, 그리고 그 위층 감실에 보살상과 유마 거사상이 있지.

이러한 배치는 작은 석굴 속에 사찰의 전체 구조를 그대로 담아 둔 거야. 그래서 석굴암으로 올 때 일주문을 하나만 지나게 되어 있어. 사천왕문이 내부에 있으니까.

돌 하나하나에 스며 있는 과학적 계산

석굴암에 들어가면 어느 쪽을 봐도 딱 편안함을 느낄 수 있어. 왜 그런 걸까? 우선 본존 불상은 균제 비례를 적용해서 만들었다고 해. 균제 비례가 뭐냐고?

로마의 건축가 비트루비우스가 이야기한 비율인데, 1:10 비율이 인체에서 가장 아름다움과 안정감을 준다나. 그래서일까? 신기하게도 본존 불상의 각 부분은 불상 높이의 1/10 크기로 되어 있어.

그런데 잠깐! 부처님의 머리가 몸에 비해 크지 않아? 원근법을 적용해서 그렇다고 해. 원근법이 뭔지는 알지? 물체가 가까이 있을수록 크게, 멀리 있을수록 작게 보이도록 하는 거잖아. 미술 시간에 그림 그리면서 많이 해 봤지?

그러니까 일부러 부처님의 머리를 조금 크게 만든 거야. 그래야 아래에서 올려다보았을 때 비례가 맞게 되니까.

이러한 비례는 부처님 머리 뒤를 장식하고 있는 광배에도 들어가 있

어. 위쪽의 연꽃잎이 아래쪽의 연꽃잎보다 크게 만들어져 있거든. 키가 170센티미터인 사람이 예불을 드리면서 부처님을 바라보면 광배가 정확하게 부처님 머리 중앙에 있게 된다고 해. 우아! 신라 사람들, 진짜로 섬세함 그 자체인걸?

석굴암 본존불과 광배

그렇다면 석굴암의 천장은 어떨까? 돔 구조로 둥글게 지었는데, 못이나 접착제 없이 돌을 하나하나 다듬은 다음 끼워 맞춰서 만들었지. 돔 구조로 그냥 돌을 쌓으려고 하면 중력 때문에 돌이 아래로 떨어질 수밖에 없어.

여기서는 동틀돌과 천개석(덮개돌)을 이용해 힘을 서로 다른 방향으로 작동시키게 해서 힘의 균형을 맞추었다지. 그

석굴암 천장

래서 석굴암의 천장이 무너지지 않고 오랜 시간이 지난 지금까지도 거뜬히 버틸 수 있는 거야. 거참, 대단하지?

천개석은 무게만 20톤 정도로 엄청나게 무거운 돌이야. 《삼국유사》에 따르면, 천개석을 만들려고 준비한 돌이 갑자기 세 조각으로 깨지는 바람에 김대성이 화가 무척 많이 났다고 해. 그러자 한밤중에 천신이 내려와 천개석을 천장으로 올려 석굴암을 완성하고 돌아갔다나?

그만큼 석굴암을 만드는 데 엄청난 노력과 정성이 들어갔다는 뜻이지. 하늘의 도움까지 받았다고 할 만큼 말이야.

● 섬세하고 평안한 아름다움, 십일면 관음 보살상

우리나라에 존재하는 여러 석굴 사원 가운데서 왜 석굴암을 최고로

석굴암 탄생 설화

뽑을까? 아까 석굴암은 화강암을 하나하나 조각해서 만든 인공 석굴이라고 했지?

석굴 속 불상들도 마찬가지야. 돌을 깎아서 만들었다고 하기에는 믿을 수 없을 만큼 섬세하게 조각되어 있거든. 그 아름다움을 입으로 간단히 표현하기가 어려울 정도야.

사찰에서 가장 중심이 되는 불상을 본존불이라고 불러. 석굴암의 본존불은 석가 여래 부처님인데, 그 크기가 350센티미터 정도로 어마어마하게 커.

부처님의 얼굴 표정 좀 봐. 근엄한 듯하지만 무섭지가 않고, 가만히 바라보고 있으면 왠지 마음이 평온해지게 하는 모습이지 않니? 몸에 걸친 옷은 또 어때? 두껍거나 무겁지 않고, 몸에 맞게 주름진 채로 자연스럽게 퍼져 나가잖아.

본존불에 가려 보이지 않지만, 뒤에는 십일면 관음 보살상이 있어. 보살상이라서 많은 장신구를 하고 있는데, 옷이며 장신구들이 마치 그림으로 하나하나 세밀하게 그린 것처럼 무척이나 섬세해.

십일면 관음 보살상

석굴암에도 아픈 역사가 있어

그런데 이 석굴암에 아픈 역사가 있다는 걸 알고 있니? 석굴암은 본래 '석불사'라고 불렸어. 유교를 중시하고 불교를 억압하는 조선 시대를 거치면서, 불교의 사찰들이 사람들 관심에서 멀어지기 시작했지.

그러다 1907년에 우연히 우편배달부가 발견해서 사람들에게 알려지게 된 거야. 그 뒤로는 많은 문화재가 약탈되는 아픔을 겪었지. 그 당시 석불사는 훼손이 심해서 비가 그대로 들이칠 뿐 아니라 흙가루까지 마구 떨어져 내렸다고 해. 다행인지 불행인지, 일본이 석불사의 가치를 알아보고는 세 차례에 걸쳐 수리를 했다지 뭐야. 그때부터 석불사를 석굴암이라고 부르기 시작했고.

석굴암은 원래 인공 석굴이야. 하지만 석굴 지붕에 돌, 자갈, 모래, 흙을 활용해서 공기가 통하게 하고, 바닥에는 자연적으로 흐르는 물을 활용해서 물방울이 맺히게 하여 습도를 조절하도록 했지.

그런데 석굴암의 구조에 대한 연구가 부족했던 걸까? 아니면 신라 사

일제 강점기의 석굴암

일제 강점기에 발행한 엽서

세계 문화유산 석굴암 표지석

람들이 석굴암을 쌓을 때 사용한 고도의 기술을 제대로 파악하지 못했던 걸까? 그 당시 최고 기술이라 할 수 있었던 시멘트를 활용해 수리했지만, 비가 새고 습기가 차는 문제가 그 전보다 더 심해졌다고 해.

결국 1961년이 되어서야, 우리 손으로 다시 복원 작업을 시도하게 되었어. 시멘트로 석굴암 돔 전체를 덮은 다음, 조선 시대 자료를 바탕으로 해서 나무로 집을 만든 뒤 석굴암 앞을 가렸지. 흠, 그런데 그 바람에 습기 문제가 더욱더 심각해졌다지?

그래서 어떻게 되었냐고? 결국 기계를 이용해서 습기를 제거하고 있어. 문제는 기계가 작동하면서 생기는 진동으로 석굴암이 조금씩 훼손되고 있다는 거야.

지금은 석굴암의 전체 모습을 보기는 어렵게 되었어. 유리벽이 설치되어 있어서 그 너머로 전면만 볼 수 있거든. 안타까운 마음을 가슴 밑바닥에서 슬금슬금 피어오르지? 이참에 국가유산을 얼마나 소중히 여기고 잘 보존해야 하는지 다 함께 생각해 보는 거 어때?

학교에서는 언제 배워?

초등학교 《사회》 4학년 1학기 2단원 〈우리 지역의 국가유산〉에서 국가유산의 종류를 알아보고, 그것이 지니는 가치를 공부해. 그리고 5학년 2학기 1단원 〈옛사람들의 삶과 문화〉에서는 석굴암을 통해 통일 신라 사람들의 뛰어난 문화를 살펴보는 시간을 가져.

그건 왜 그래?

1. 석굴암은 유네스코 세계 ○○유산이야. 빈칸에 들어갈 말은 무엇일까?
   ① 자연   ② 문화   ③ 불교

2. 석굴암의 본존 불상에 반영되어 있는 기법의 이름은 무엇일까? 물체가 가까이 있을수록 크게, 멀리 있을수록 작게 표현하는 걸 말하는데…….

3. 석굴암이 지어진 시대는 언제일까?

정답 1. ② 문화 2. 원근법 3. 통일 신라 시대

| 활동 하기 | 본존 불상 따라 그리기 |

신라 사람들의 지혜가 담겨 있는 석굴암을 직접 방문해 보자. 본존 불상 앞에 서서 부처님 뒤를 장식하는 광배가 어디쯤 있는지 상상해 본 뒤, 그림으로 그려 보자.

1 사찰에서는 지켜야 하는 예절이 있어. 우선, 석굴암 내부에서는 사진 촬영이 금지되어 있어. 석굴암의 아름다움을 조용히 눈과 가슴에만 담아 오기!

2 석굴암에 가면 석굴암 삼층 석탑이 있어. 화장실을 지나 150미터 정도 올라가면 만날 수 있지. 불국사 석가탑이랑 다른 점을 찾아보는 것도 재미있겠지? 석굴암 삼층 석탑은 석탑 대좌 부분이 네모나지 않고 동그랗게 되어 있다는 건 안 비밀!

3 일 년에 단 하루, '부처님 오신 날'에 석굴암을 방문하면 안쪽까지 둘러볼 수 있어. 유리벽 없이 본존 불상을 직접 마주할 수 있다는 얘기야. 점심 공양도 제공하고 있다고 하니까, 부처님 오신 날에 맞추어 방문해 보는 게 좋겠지?

석굴암 삼층 석탑

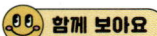 함께 보아요

골굴사

경주에 석굴이 또 있는 거 아니? 석굴암이 인공 석굴이라면, 골굴암은 자연 굴을 이용해서 만든 곳이야. 골굴암에는 열두 개의 석굴이 있는데, 이 중 가장 높은 바위에 마애 불상이 새겨져 있지.
또 암벽을 보면 풍화 작용으로 암석 표면에 구멍이 생긴 지형인 '타포니' 지형을 찾아볼 수 있어. 골굴사에서는 선무도 공연이 열리기도 하니까, 수요일에서 일요일 사이 오후 3시에 방문하는 게 좋아.

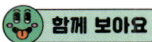 함께 보아요

군위 아미타 여래 삼존 석굴

대구광역시 군위에 가면 자연 동굴에 불상을 모신 석굴 사원이 있어. 팔공산 절벽의 자연 동굴 속에 세 분의 부처님을 모신 곳이야. 제2의 석굴암이라고도 불러.
골굴암이 자연 동굴의 바위 면에 부처님을 새겼다면, 군위 아미타 여래 삼존은 자연 동굴 속에다 부처님을 조각해서 모셔 두었지. 서로 비교해 보는 것도 재미있겠지? 참, 석굴암보다 앞선 시기에 만들어졌다고 해.

석굴암

- 주소 : 경북 경주시 석굴로 238
- 홈페이지 : http://seokguram.org/
- 관람 시간 : 09:00 ~ 17:00(오후 5시까지 입장, 오후 6시까지 퇴장), 연중 무휴
- 입장료 : 무료
- 대중교통 : 경주역과 경주 시외버스터미널 정거장에서 10, 11번 버스
- 주차 : 석굴암 주차장

이번에는 조선으로 시간 여행을 떠나 볼까 해. 경주에는 신라 시대의 문화뿐 아니라 조선 시대 양반의 모습을 엿볼 수 있는 곳도 있거든. 조선 시대에 양반 신분이라면 하고 싶은 대로 마음껏 다 할 수 있었을까? 왜, 드라마 같은 데 보면 모든 권세를 다 누리고 있는 것처럼 보이잖아. 그런데 막상 그들의 세계를 들여다보면 생각과 달리 녹록지 않았던 것 같아. 왜 그러느냐고? 궁금하면 양동 마을로 함께 휘리릭 날아가 볼래?

아홉 번째 도장
양동 마을

왕족을 비롯해 지배층인 조선 시대 양반들은 TV 드라마에 나오는 것처럼 매일 맛있는 것만 먹고 하고 싶은 것을 하며 편하기만 한 삶을 살지는 않았어. 양반으로서 지켜야 할 것들이 참 많았거든.

유교를 기반으로 한 양반 마을

앞에서 신라는 '불교'를 기반으로 모든 걸 했잖아. 반면에 조선 시대는 '유교'라는 사상을 정치와 종교뿐 아니라 일상생활에서도 원칙으로 삼았어. 유교를 바탕으로 나라를 운영하기 위해 법전을 만들고, 사람들에게는 생활에서 유교를 지킬 수 있도록 그림책을 만들어 나누어 주었지.

유교에서는 나라에 충성하고, 부모님께 효도하는 걸 매우 중요하게 여겼어. 게다가 신분이나 성별에 따라 반드시 지켜야 할 규칙도 있었고.

ⓒ경주시청

양동 마을 전경

기와집과 초가집이 어우러져 있는 게 보여?

이렇게 유교에서 강조하는 규범들이 당시 사람들이 사는 집의 구조나 생활 풍습 속에도 그대로 녹아들어 있지. 사실 지금까지도 이어지고 있는 부분이 많아.

양동 마을은 조선 시대 양반들의 기와집과 상민들의 초가집으로 이루어진 마을이야. 지붕이 기와로 된 곳은 양반의 집, 초가로 된 집은 양반 집에 속한 하인의 집으로 구분하면 돼.

양동 마을은 '집성촌'이야. 집성촌이 뭐냐고? 음, 같은 성씨를 가진 사람들끼리 모여 사는 마을이라는 뜻이야.

아홉 번째 도장_양동 마을

조선 시대는 임진왜란을 기준으로 전기와 후기로 나뉘어. 조선 전기에는 남녀가 결혼을 하면 신랑이 신부의 집에 들어가 사는 경우가 많았어.

양동 마을은 그곳에 살던 월성 손씨(경주 손씨)가 여강 이씨 가문에 장가를 가면서 집성촌을 이루게 되었지. 음, 그러니까 세조 3년(1457년)에 경상도 청송에 살던 손소가 혼인을 한 뒤 처가가 있는 마을로 가 살면서 양동 마을의 역사가 시작된 거야. 지금도 그 후손들이 살고 있고…….

손소는 양동 마을 북쪽 언덕에 부인과 함께 생활하기 위해 집을 지었는데, 이 집을 '송첨 종택'이라고 불러. '송첨(松簷)'은 소나무 처마처럼 소

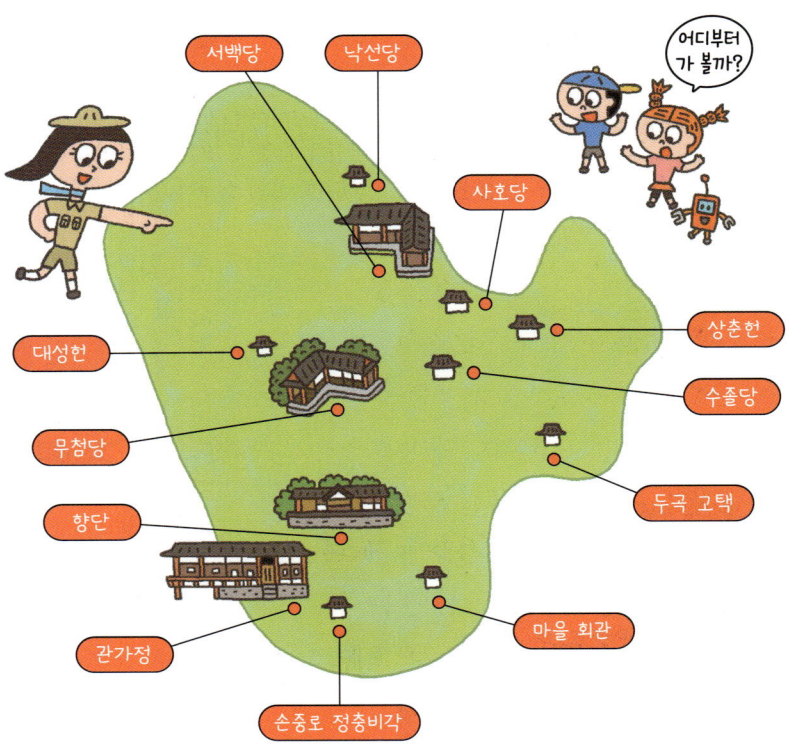

박한 집이라는 뜻이고, '종택(宗宅)'은 대대로 이어 오는 종갓집을 가리켜.

참, 그 자리에다 지으면 지혜롭고 총명한 위인이 세 명 태어난다는 얘기를 들었다고 해. 실제로 그곳에서 손소의 아들 손중돈과 외손 이언적이 태어났지.

'참을 인'을 백 번 쓰다, 서백당

송첨 종택의 사랑채를 '서백당'이라고 해. 서백당은 '글 서(書)'에 '백 백(百)', '집 당(堂)'을 써서 '글을 백 번 쓰는 집'이란 뜻이야. 대체 어떤 글자를 백 번 쓴다는 걸까?

바로 '참을 인(忍)'이야. 다시 말하면, 마음속의 화를 그대로 표현하는 대신 꾹 참고서 마음의 안정을 지키라는 의미지.

'서백당'이란 이름에서 이미 양반들이 어떤 자세와 마음으로 생활했는지 알 수 있을 것 같지 않니? 뭔가 꾹 옥죄는 듯한 느낌……. 휴, 숨 한 번 크게 내쉬고 발걸음을 옮겨 보자.

노비가 살았던 행랑채 옆의 문을 지나 집 안으로 들어가면, 왼편에 서백당

손소초상

서백당

이 있어. 마당에는 가지를 양옆으로 뻗은 향나무가 서 있고. 이 향나무는 나이가 오백 살이 넘었다고 해.

처마 쪽을 보면, 검은색 나무에 흰 글씨로 '書百堂(서백당)'이라고 적혀 있는 현판이 걸려 있지? 백 번이나 참으라는 글귀가 집에 떡하니 걸려 있으니, 하루에도 몇 번이고 바라보면서 마음을 굳게 다잡았을 수밖에 없지 않았을까?

마당에 있는 향나무는 옛날부터 몸과 마음의 깨끗함을 상징하거나 제사 지내는 곳에 심는 나무로 알려져 있어. 그래서 손소는 집을 지을 때 이 향나무를 일부러 심었다고 해.

서백당 왼쪽 끝에 있는 작은 문이 보

서백당 향나무

이지? 그 방에서 손소의 둘째 아들 손중돈과 외손자 이언적이 태어났어. 손중돈과 이언적은 훗날 공부를 무척 잘해서 문신이 되었지.

조상의 이름에 먹칠하지 말자, 무첨당

이번에는 이언적이 살았던 '무첨당'으로 가 볼까? 서백당에서 나와 물봉 고개를 따라 내려가면 무첨당이 나와. 원래 무첨당은 손소의 사위인 '이번'의 집이었어. '무첨당'이란 이름은 이번의 아들 이언적이 지었다고 해.

'무첨'은 이언적의 손자인 이의윤의 호야. 호가 뭔지는 알지? '백범 김구' 혹은 '도마 안중근' 할 때, 백범과 도마가 바로 호잖아. 본래 이름 대

세 번째 위인은 누구일까?

무첨당

신 부르던 이름이라고 할까?

옛날에는 왜 멀쩡한 이름을 놔두고 호를 지어 불렀는지 궁금하지 않니? 유교에서는 이름을 부르지 않는 풍습이 있었다고 해. 그래서 사람들이 자신을 부를 수 있도록 별명 같은 걸 지었던 거야.

● **유교식 생활 공간, 남녀 따로!**

참, '무첨당'은 조상님을 존경하는 마음을 가지라는 뜻에서 만든 이름이라나 봐. '없을 무(無)'는 다들 알지? 그다음 글자는? 맞혀 봐, 오백 원 줄게. 흐흐, 어렵지? '더럽힐 첨(忝)'이야.

조선 시대 양반의 집은 유교 윤리에 따라 남성과 여성이 생활하는 공간을 따로 나누었어. 남성이 손님을 맞고 생활하는 공간은 '사랑채', 여성들이 생활하는 공간은 '안채'라고 했지.

무첨당에 방문한 손님 중 유명한 사람이 있어. 조선의 제26대 왕이자,

대한 제국의 첫 번째 황제인 고종의 아버지 흥선 대원군이야. 권력을 잡기 전에 이곳 무첨당에 방문했다지? 그때 남기고 간 글씨가 바로 '좌해금서(左海琴書)'인데, 마루 안쪽에 걸려 있는 걸 볼 수 있어.

'좌해'는 영남 지역을 말하고, '금서'는 풍류와 학문을 뜻해. 흥선 대원군은 무첨당이 영남 지역의 풍류와 학문의 중심지라고 생각했던가 봐.

'좌해금서'라고 적힌 현판

어머님을 생각하는 마음, 향단

 이번에는 향단으로 가 볼까? 뭐, 〈춘향전〉에 나오는 향단이 말하는 거냐고? 아니, 아니······. 춘향이와 이몽룡 얘기는 전라남도 남원으로 배경으로 하고 있잖아. 게다가 여기서 말하는 '향단'은 사람이 아니라 집이야.

 이언적이 경상도 지역의 관찰사(지금의 도지사랑 비슷해.)로 일할 때 어머니를 모시게 하기 위해 동생에게 지어 준 집이야. 어머니가 생활할 공간이라서 집의 구조에 특별히 신경을 많이 썼다고 해. 아, 참! 향단은 물봉 동산 비탈에 있어. 경사진 땅을 활용해서 지었거든.

 향단은 내부 구조도 특이해. 위에서 보면 '해 일(日)' 자 모양이야. 혹시 '풍수지리'라는 말 들어 봤니? 땅이나 산, 물의 모양이 사람의 삶에 영향을 미친다고 건 말해. 이 풍수지리에 따르면, 집 모양이 '日' 자 구조인 게 좋다나. 그러다 보니 마당이 두 개가 생겼지.

 향단은 지금 한옥 숙소로 운영되고 있으니까, 기회가 되면 여행을 가

향단

ⓒ경주시청

비탈에 집이 지어진 거 보이지?

서 묵어 봐도 좋을 것 같아. 사랑방, 안방, 행랑방 등에서 머무를 수 있어. 양반집 대청마루에 앉아 느긋하게 흐르는 시간을 느껴 보는 것도 괜찮겠지?

정자에 앉아 농사짓는 모습을 보다, 관가정

양동 마을에는 조선의 제11대 왕인 중종 때 청백리상을 받은 손중돈의 집 '관가정'이 있어. '청백리상'은 마음과 행동이 바르고 겸손한 관리들에게 준 명예로운 상이야.

그런데 손중돈이 임금에게 바른 의견을 냈지만 받아들여지지 않자, 고향으로 돌아와 관가정을 지었다고 해. 복잡하고 혼란한 정치에서 벗어나 느긋하게 삶을 즐기고자 한 것일까?

'관가정'은 '곡식(稼)이 자라는 모습을 바라본다(觀)'는 의미야. 맨 마지막에 붙은 '정'은 '정자'나 '머물러 쉬는 곳'을 뜻하는 말이고. 말 그대로 누마루에 앉아서 집 앞에 펼쳐진 평야에서 농사짓는 모습을 바라볼 수 있게끔 만들었지. 나중에 만든 담장 때문에 시야를 조금 가리게 되긴 했지만.

관가정 행랑채에는 굴뚝이 있어. 굴뚝이 아궁이랑 연결되어 있는 건 알지?

관가정

굴뚝을 보려면 아궁이를 먼저 찾아야겠지? 네모난 게 아궁이이고, 그 옆에 나 있는 작은 구멍이 굴뚝이야. 북쪽 지역은 겨울에 춥기 때문에 불을 지피는 아궁이와 굴뚝이 멀리 떨어져 있는데, 남쪽 지역은 비교적 따뜻해서 아궁이 옆에 바로 굴뚝을 만들어 두었어.

● **안동 하회 마을과 함께 유네스코 세계 문화유산으로!**

양동 마을은 1984년에 대한민국 국가 민속 문화재 제189호로 지정되었고, 2010년에는 안동 하회 마을과 함께 유네스코 세계 문화유산으로 등재되었어. 또, 2013년에는 유네스코 세계 문화유산 협약 선포 40주년 기념 세계 최고의 모범 유산로 선정되었지.

우리나라에서 가장 역사가 오래되고 규모가 크며, 그 원형이 가장 잘 보존된 조선 시대 양반 씨족 마을이야. 육백여 년의 역사를 이어 가며 수많은 학자와 장군, 독립운동가를 배출하면서 그 명성을 이어 나가고 있어. 경주에 가면 꼭 한번 들러 봐.

학교에서는 언제 배워?

초등학교 《사회》 3학년 1학기 2단원 〈일상에서 만나는 과거〉에서 우리 주변에 있는 오래된 건축물을 통해 알게 된 과거의 모습을 조사하는 시간을 가져. 그리고 5학년 2학기 1단원 〈옛사람들의 삶과 문화〉에서 조선의 건국과 조선의 유교 문화에 대해서 배우게 돼. 조선이 어떤 문화와 풍습을 지니고 있었는지 알 수 있지.

1. 같은 성을 가진 사람들이 모여 사는 마을을 뭐라고 부를까?

2. 양동 마을을 대표하는 조선 시대 학자 두 사람은 누구일까?

3. 조선 시대 양반 가옥에서 남성이 머무르며 손님을 맞이하는 건물의 이름은?

4. 선비라면 '참을 인'을 백 번은 쓰는 자세를 가져야 한다는 뜻을 가진 집의 이름은 무엇일까?

정답 1. 집성촌 2. 손중돈, 이언적 3. 사랑채 4. 서백당

활동하기 | 조선 시대 선비의 하루 - 나의 하루 계획은?

조선 시대의 선비는 학문을 열심히 공부하는 사람을 뜻해. 이 공부는 유교의 중요한 경전을 외우고 원리를 고민하는 것이지. 그리고 공부만으로 끝나는 것이 아니라 생활에서 실천하는 것까지가 공부야. 조선 시대 선비의 하루를 참고해서 나의 하루도 계획을 세워 보자.

□ 조선 시대 선비의 하루 □

- 3 잠에서 깨어나 조상에게 인사하고 독서하기
- 5 자식에게 공부시키기
- 7 ⋮
- 13 명상, 산책, 활쏘기
- 15 부모님의 안부 살피기
- 17 ⋮
- 20 집안 살피고 일기 쓰기
- 22 잠자리에 들기

□ 나의 하루 계획 □

- 7
- 9
- 11
- 13
- 15
- 17
- 19
- 21
- 23

도장 깨기 TIP TIP TIP

1 양동 마을에는 지금도 주민들이 살고 있어. 공개되지 않는 집에 함부로 들어가거나 관람을 하면서 시끄럽게 굴면 안 되겠지? 공개되지 않은 집은 양동 마을 홈페이지에서 마을 VR 투어를 통해 볼 수 있으니까 너무 아쉬워하지 않아도 돼.

2 대청마루에 신발을 벗고 올라가거나 걸터앉을 수 있어. 걷다가 조금 힘들면 마루에 앉아 풍경을 바라보는 것도 좋을 것 같아. 특히 비 오는 날에는 처마에서 떨어지는 빗소리가 아주 듣기 좋아.

향단 대청마루

3 4시 30분 이후에는 서백당, 향단, 무첨당, 관가정 등 일부 건물이 일찍 문을 닫기도 해. 그러니까 문 닫는 시각을 먼저 확인해 두는 게 좋아.

4 가을에 벼 수확인 끝나고 겨울로 막 접어드는 11월쯤에 양동 마을의 초가지붕을 바꾸는 작업을 해. 볏짚을 꼬아서 이엉 잇기를 하는데, 그것 역시 꽤 볼만하니까 놓치지 마.

지붕 이엉 잇기

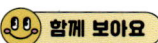 함께 보아요

안동 하회 마을

경상북도 안동에 있는 하회 마을은 조선의 유명한 학자인 서애 류성룡의 가문인 풍산 류씨 가문의 집성촌이야. 낙동강 물이 이 마을을 S자 모양으로 휘돌아 흘러간다고 해. 하회 마을도 양동 마을과 같이 유네스코 세계 문화유산으로 등재되었어. 하회 별신굿 탈놀이와 선유 줄불 놀이도 유명하니까, 시간이 되면 꼭 한번 가 보도록 해.

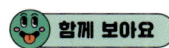 함께 보아요

영주 무섬 마을

양반 마을로 유명한 곳이 경상북도 영주에도 있어. 무섬 마을은 물 위에 떠 있는 섬이란 뜻이야. 내성천이 마을의 삼면을 감싸 안으며 흐르고 있어서 아름다운 자연과 선비들의 삶을 볼 수 있는 곳이지. 1666년 반남 박씨와 성선 김씨가 결혼하면서 만들어진 집성촌이라고 해. 다양한 체험 활동이 준비되어 있으니까, 언제 한번 들러 봐도 좋겠지?

양동 마을

- 주소 : 경북 경주시 강동면 양동마을길 138-18
- 홈페이지 : https://yangdongvillage.or.kr/ko/
- 관람 시간 : 4~9월 9:00 ~ 19:00(매표 마감 18:00), 10~3월 9:00 ~ 18:00(매표 마감 18:00)
- 입장료 : 성인 4,000원, 청소년, 군인 2,000원, 어린이 1,500원
- 휴관일 : 연중 무휴
- 대중교통 : 경주 시외버스터미널 정거장에서 203번 버스 승차, 양동 민속 마을 정거장 하차
- 주차 가능

좋은 기운이 흐르는구면.

혹시 우리나라 서원이 2019년에 유네스코 세계 문화유산으로 등재되었다는 걸 알고 있니? 서원은 조선 시대의 교육 기관으로, 성리학을 가르쳤던 곳이야. 우리나라에는 총 아홉 군데가 있는데, 그중 하나가 경주에 있어. 바로 옥산 서원이지. 옥산 서원은 어떤 가치가 있길래 세계적으로 보존해야 할 문화유산으로 인정받은 걸까? 자, 다 함께 옥산 서원으로 출동~!

첫 번째 도장

옥산 서원과 독락당

성리학은 조선 시대에 가장 중요한 학문이었어. 정치는 물론 사람들의 일상생활에까지 깊게 파고들어 큰 영향을 끼쳤지.

그럼 성리학이란 뭘까? 바로 중국 송나라의 주희라는 학자가 완성한 학문으로, 인간의 심성과 우주의 원리에 대해 탐구했지. 인간의 착한 본성을 회복하고 바르게 살도록 노력하라고 가르치는 것이 특징이야.

어진 화가 채용신이 그린 주희 초상

음, 착하고 바르게 산다는 게 뭘까? 성리학에서는 세 가지 기본 원칙을 제시하고 있어. 그걸 '삼강'이라고 해. 삼강은 임금과 신하, 부모와 자식, 남편과 부인의 관계에서 지켜야 할 예절을 가리켜. 그리고 '오륜'이

있는데, 앞에서 말한 관계에다 연장자와의 관계와 친구 사이의 관계를 보탠 거야. 이걸 합쳐서 '삼강오륜'이라고 불러.

조선의 성리학을 발전시키다, 이언적

이언적은 조선 시대 제11대 왕인 중종 때 과거 시험에 합격해 관리가 되었어. 당시 '김안로'라는 관리가 자신의 권력을 이용해 사람들을 괴롭히고 있었지. 이언적은 김안로의 잘못을 비판하다가 관직에서 쫓겨나고 말았어.

이후 김안로가 권력을 잃게 되자, 이언적은 다시 수도로 올라가 정치를 했지. 하지만 이언적은 다시 한번 위기에 처하게 돼. 조선 시대에는

이언적 신도비

옥산 서원

어느 가문에서 왕비가 선출되느냐가 아주 중요했거든. 왕비가 낳은 아들이 왕의 자리를 이을 수 있으니까. 그래서 왕비가 나온 가문이 큰 권력을 잡았지.

그 당시 왕비의 동생인 윤원형이 정치적으로 선비들을 제거하면서, 이언적도 '강계'라는 곳으로 유배를 떠나게 되었어. 이언적은 유배 생활 중에도 연구를 꾸준히 하며 많은 책을 써서 성리학이 발달하는 데 큰 역할을 했지.

옥산 서원에 가면 이언적의 흔적을 만날 수 있어. 이제 출발해 볼까?

조선의 학자들을 키운 사립 대학, 옥산 서원

옥산 서원은 왕이 직접 학교 이름을 내려 주었어. 이러한 서원을 사액

'호'를 지어 볼까?

서원이라고 불러. 사액 서원이 되면 서원을 운영하는 데 필요한 땅과 노비, 책을 받게 돼. 그걸 기반으로 그 지역의 중심 교육 기관으로 발돋움을 하게 되지. 유생들이 공부하러 우르르 모여들거든.

옥산 서원에는 많은 선비들이 공부할 수 있도록 책을 만들어 찍어 내는 판을 보관하는 문집 판각도 있어. 시간이 한참 흐른 뒤, 흥선 대원군이 권력을 잡고 서원을 폐쇄하라는 명령을 내렸을 때도 옥산 서원은 무사히 살아남았지.

● 어질고 착한 마음 '인'(仁)을 구하다, 구인당

앞에서 이언적이 성리학의 발달에 큰 업적을 남겼다고 얘기했지? 옥산 서원은 이언적이 정리한 학문을 공부하고 그의 제사를 모시는 곳이야. 그래서 제사를 지내는 공간과 공부하는 공간, 서원 운영을 위해 필요한 공간으로 구성되어 있어.

서원의 가장 바깥에 있는 역락문으로 들어가면 무변루가 나와. 유생(서원의 학생을 말해.)들이 쉬면서 토론하는 곳이지. 참, 옥산 서원은 산의 경사를 그대로 활용해서 지었어. 그래서 무변루에 가려면 경사진 땅의 높이를 맞추기 위해 만들어 둔 계단을 올라가야 해.

옥산 서원에서 가장 중요한 건물은 구인당이야. 구인당은 강의를 하는 곳으로, 이언적인 쓴 《구인록》이란 책에서 이름을 따왔어. 무변루와

옥산 서원 구인당

무변루

구인당의 현판은 모두 조선에서 최고의 글씨를 쓴다고 알려진 석봉 한호가 썼어.

한석봉 알지? 왜, 엄마랑 떡 썰기 내기를 한 이야기가 유명하잖아. 어머니는 호롱불을 끄고 떡을 썰고, 한석봉은 글씨를 썼는데……. 어머니의 떡은 고르게 썰린 반면, 한석봉의 글씨는 엉망이어서 산으로 돌아갔다는 이야기 말이야.

여기서 퀴즈! 그렇다면 '玉山書院(옥산서원)'이라고 쓰인 현판은 누가 썼게? 글씨 하면 머릿속에 딱 떠오르는 사람이 있지 않니? 추, 추, 추……. 맞아, 추사 김정희! 김정희가 제주도로 유배 가기 직전, 쉰네 살에 쓴 거라고 해. 글씨의 대가들이 현판을 써 준 걸 보니, 진짜로 엄청 잘 나가는 서원이었던가 봐. 그치?

무변루 좌우에 유생들이 생활하는 기숙사가 있어. 구인당 양쪽 끝에는 양진재와 해립재라는 두 개의 방이 있고. 지금으로 치면 교무실이야.

구인당 뒤쪽의 체인문을 지나면 제사를 담당하는 공간인 체인묘가 나와. 이언적의 위패와 제사를 위한 상이 마련되어 있어. 위패는 죽은 사람의 이름을 적은 나무패를 말해.

아까 이언적이 성리학을 발전시키는 데 큰 역할을 했다고 했잖아. 그 증거가 바로 '신도비'야. 비에는 이언적이 한 일을 새겨 놓았지. 참, 서울의 종묘에 이언적의 위패가 있어. 이언적이 조선 시대에 얼마나 큰일을 해낸 학자인지 짐작이 가니?

열 번째 도장_옥산 서원과 독락당 **181**

세심대

마음을 깨끗이 씻는 곳, 세심대

옥산 서원 옆으로는 '옥산천'이라는 냇물이 흐르고 있어. 옥산천에는 아홉 곳의 계곡이 있는데, 이 중 세 번째 계곡에 '세심대'가 있어. 세심대는 '마음(心)을 씻는(洗) 바위(臺)'라는 뜻으로 붙여진 이름이야. 그만큼 바위가 넓고 평평하지.

여름에는 용추 폭포로 떨어지는 물소리가 경쾌하면서도 시원해. 여름 휴가지로도 유명하니까 꼭 한번 가 봐. 가을에는 계곡 전체에 단풍이 들어서 물과 바위 위로 떨어지는 낙엽이 진짜 아름다워.

바위에 새겨진 글씨는 조선의 유명한 학자인 퇴계 이황이 썼어. 옥산 서원에서도 현판의 글씨들을 살펴봤지? 세 명 다 대단한 사람들이잖아. 누구 글씨가 가장 마음에 들어?

세상의 근심을 놓고 홀로 즐기다, 독락당

이언적이 관직에서 쫓겨났을 때 생활했던 곳이 독락당이야. 옥산 정사라고도 불러. 독락당은 유명한 영화의 촬영지이기도 해. 독락당도 그렇지만, 그 옆으로 흐르는 옥산천이 어우러져서 풍광이 참 아름다워.

독락당에는 지금 이언적의 후손이 살고 있어. 숙박 시설로 이용되기 때문에 모든 공간을 개방하지 않아. 독락당 내부를 둘러볼 때는 다른 사람들을 배려해서 조용히 다녀야겠지?

기회가 되면 꼭 숙박을 해 보길 바라. 그곳에 머물면서 조용히 생각할 시간을 가질 수 있고, 또 자연 속의 독락당을 직접 체험할 수 있어. '계정'이라는 정자에 앉아서 옥산천을 바라보며 물소리를 듣고 있으면, 세상의 모든 걱정이 사라지는 것 같은 기분을 느낄 수 있어.

독락당

그리고 독락당에는 다른 양반의 집과 다른 점이 있어. 바로 손님을 맞이하는 곳이자 남성의 생활 공간인 사랑채가 집 안쪽에 있다는 것!

이언적은 관직에서 쫓겨나 고향으로 돌아왔지만, 양동 마을에 들어가지 않고 독락당을 지어서 따로 살았어. 아마도 고향에 내려가 사람들을 만나기보다는 홀로 집에서 공부를 하거나 생각을 하면서 지내고 싶었던 게 아닐까? 그 덕분에 성리학을 크게 발달시킬 수 있었던 걸 수도…….

학교에서는 언제 배워?

초등학교 《사회》 4학년 1학기 2단원 〈우리 지역의 국가유산〉에서 우리 지역의 유적지를 체험하기 전에 미리 계획을 세워 보는 시간을 가져. 그리고 5학년 2학기 1단원 〈옛사람들의 삶과 문화〉에서 새 나라 조선을 세우는 과정과 조선의 유교 문화에 대해서 배우게 돼.

그건 왜 그래?

1. 송나라 학자 주희의 호를 따른 인물로, 조선에 들어온 성리학을 발전시키는 데 큰 역할을 한 학자의 이름은?

2. 옥산 서원에서 공부하고 토론하는 건물의 이름은 무엇일까?

3. 세상의 모든 고통을 잊고 혼자 즐거움을 추구하는 곳으로, 이언적이 학문을 연구한 곳은?

정답: 1. 이언적 2. 구인당 3. 독락당

미래의 내 모습을 상상하며 신도비 문구 쓰기

신도비에는 인물의 장점과 업적을 쓰고 있어. 자신의 미래를 상상해서 어떤 일로 세상을 좋게 만들 것인지 작성해 보자.

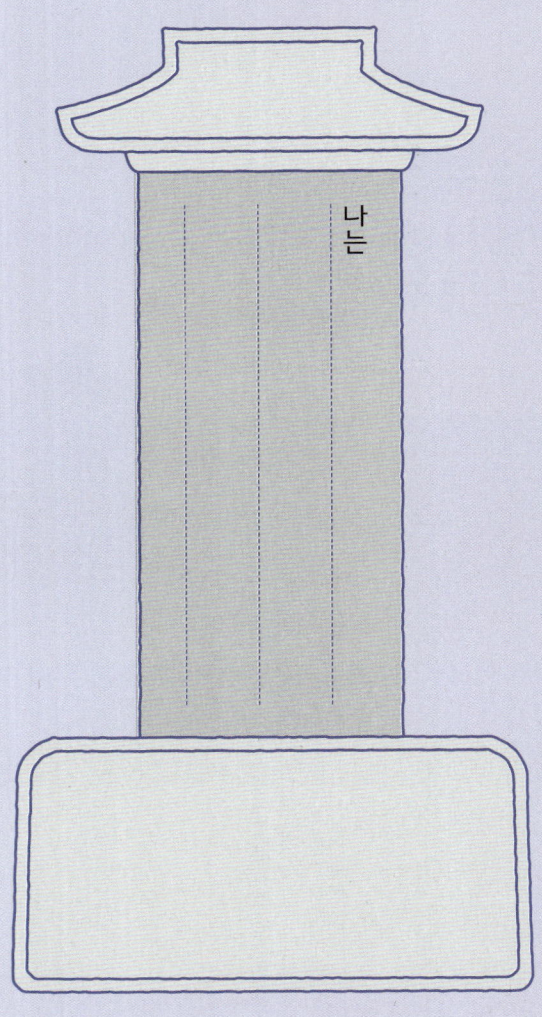

도장깨기 TIP

1 옥산 서원과 독락당 주변은 걷는 길이 잘 만들어져 있어. 오래된 은행나무뿐만 아니라 단풍이 들어서 멋진 낙엽들이 많아. 세심대에는 이팝나무가 하얀 꽃을 피워 내는 봄에도 퍽 아름다워.

2 독락당의 하천가에 있는 정자 '계정'에서 옥산천을 바라보는 것도 좋고, 반대로 옥산천에서 계정을 바라보는 것도 좋아.

3 옥산 서원은 음력 2월과 8월에 제사 지내는 모습을 볼 수 있어. 조선 시대에는 어떻게 제사를 지내는지 직접 볼 수 있으니까 좋은 경험이 될 거야. 날짜를 맞추어서 방문해 보는 걸 추천해.

계정

4 영화 〈명당〉과 〈외계+인〉, 〈노량〉을 독락당에서 찍었어. 영화의 한 장면을 골라서 따라가 보는 건 어때?

정혜사지 십삼층 석탑

5 독락당에서 북쪽으로 900미터쯤 가면 정혜사지 십삼층 석탑을 볼 수 있어. 경주에서 보았던 대부분의 석탑이 삼층이었던 것 기억나? 정혜사지의 탑은 무려 십삼층이야. 1층과 2층의 비율이 심하게 줄어드는 게 특징이니까 꼼꼼히 살펴봐.

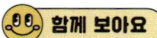 함께 보아요

안동 도산 서원

이황은 성리학을 공부하고 제자를 교육시키기 위해 도산 서당을 지었는데, 그가 죽고 나서 제자들이 그 자리에 도산 서원을 세웠어. 천 원짜리 지폐 뒷면에 있는 서원이 바로 도산 서원이야. 옥산 서원과 도산 서원의 건물 배치를 비교해 보는 것도 재미있겠지?

 함께 보아요

경주 향교

경주 교촌 한옥 마을과 최부자댁 근처에 있어. 이 일대가 교촌, 교리, 교동이라 불리는데, 그 이유가 바로 이 향교 때문이야. 신라 신문왕 2년에 처음 세워진 국학이 있던 곳이지. 향교가 처음 지어진 시기는 알 수 없지만, 조선 성종 때 서울의 성균관을 본떠 고쳐 지었다고 해.

옥산 서원

- 주소 : 경북 경주시 안강읍 옥산서원길 216-27
- 관람시간 : 4~9월 9:00 ~ 18:00, 10~3월 9:00 ~ 17:00
- 입장료 : 무료
- 휴관일 : 연중 무휴
- 대중교통 : 경주 시외버스터미널 정거장에서 203번 버스 승차, 옥산2리 정거장에서 하차
- 주차 가능